陳福成著

文學叢刊

晶英客棧續集

陳福成詩科幻實驗小說

文史哲出版社印行

國家圖書館出版品預行編目資料

晶英客棧.續集：陳福成詩科幻實驗小說 /
陳福成著. -- 初版. -- 臺北市：文史哲出版社,
民 113.08
頁； 公分 -- （文學叢刊；482）
ISBN 978-986-314-680-3（平裝）

863.51 113012288

文 學 叢 刊 482

晶英客棧 續集

陳福成詩科幻實驗小說

著 者：陳 福 成
出 版 者：文 史 哲 出 版 社
http:// www.lapen.com.tw
e-mail：lapentw@gmail.com
登記證字號：行政院新聞局版臺業字五三三七號
發 行 人：彭 正 雄
發 行 所：文 史 哲 出 版 社
印 刷 者：文 史 哲 出 版 社
臺北市羅斯福路一段七十二巷四號
郵政劃撥帳號：一六一八〇一七五
電話886-2-23511028 ・ 傳真886-2-23965656

定價新臺幣三六〇元

二〇二四年（民一一三）八月初版

ISBN 978-986-314-680-3 10482

序　禮讚晶英客棧

於三界二十八天
乃至三千大世界
三千小世界中
那裡有個絕妙完美的社區
能吸引各世界
善男子、善女人
去觀光度假或長住
有，這是有東方極樂世界之稱的
異世界晶英客棧

晶英客棧
以其真善美的情意空間設計
吸引各世界善男子、善女人
到此一遊

為何晶英客棧
會成為如此不凡的社區
成為各世界中
最佳度假長住的客棧？
因屬九星級
僅次於西方極樂世界

晶英客棧
以多元豐富的文化活動著稱
長年有各種活動
宗教性、非宗教性都有

還有完善的生活設施
滿足房客、住戶
一切需要
客棧所辦旅遊活動
以旅遊三界二十八天最受歡迎
近者如地居天、忉利天
最遠如無所有處天、非想非非想天
每次行程都客滿
客棧附近的天祥、太魯閣景點
也是絕美之勝景
晶英客棧
是各界眾生所期待唯美浪漫的
旅遊仙境
三千世界之桃花源
當你諸惡不作

眾善奉行
便很自然的得到了
晶英客棧的邀請函
取得異世界簽證
那時
即非夢境
而是真實的實現
歡迎諸世界
善男子、善女人
到晶英客棧小住

附記：二〇二三年七月，《晶英客棧：陳福成詩科幻實驗小說》一書，由台北文史哲出版社發行上市，讀者間有一些迴響。現在這本《晶英客棧續記：陳福成詩科幻實驗小說》，是接續上集的情節發展，建構一個奇異的心靈世界，供人雅賞。

順帶一述，筆者所有著、編、譯著作（見本書末目錄），都放棄個人所有權，贈為中華民族之文化公共財。凡在中國地區內（含台灣），均可由任何出版單位，不須經筆者同意，自由印行，廣為流傳，嘉惠每一代炎黃子民，是吾至願。

中國台北公館蟾蜍山　萬盛草堂主人　**陳福成**　誌於

佛曆二五六七年　公元二〇二四年三月二十春分日

晶英客棧續集

陳福成詩科幻實驗小說

目次

序　禮讚晶英客棧……一
第一章　我發現的異世界　是東方極樂世界……九
第二章　蔣毛參訪各世界　說極樂世界的好……二一
第三章　晶英客棧有貴客　外星人要來取經……五五
第四章　李清照率志工團　異世界觀光旅遊……八五
第五章　有緣人短期出家　晶英客棧大法會……一〇七
第六章　晶英客棧文學宴　百華爭開詩歌花……一三五
第七章　晶英客棧過日子　詩述生活存史記……一八三

第一章　我發現的異世界　是東方極樂世界

話說
廿三世紀的時候
我在漂流中
發現了一個異世界
並住在那
異世界裡的晶英客棧
很久很久
最後又回到地球上
這個人間世界
我高度相信

我去的那個異世界
正是東方極樂世界

我這樣敘述
大家千萬不以為
我是死了
才到那個世界
用地球上科學語言說
我是回到未來
「回到未來」
大家就比較可以理解
我會碰到這樣的事
「現在」和「未來」
幾乎是一種
「同時」的存在

甚至更奇的
現在、未來和過去
也幾乎無差別
似乎三時間點
是同時存在一個圓圈上
無先後之別
這也太神奇了

我在異世界那段時間
約是地球時間的二百多年
這二百多年裡
我始終住在晶英客棧
晶英客棧是一個社區
是異世界裡
最最神奇

唯美、浪漫、完善
的九星級觀光飯店
已接近十全十美的
西方極樂世界

離開晶英客棧
回到地球的人間世界
（其實異世界和人間世界
也可能是同時的存在
因為我在晶英客棧附近
也發現有
太魯閣、天祥這些地方
和地瓜島上的太魯閣、天祥
幾乎是一樣的場景
為什麼？

一定是有一些道理
惟人不能全知）
我向很多人說這段經歷
皆無人相信
說我是不是發了神經
盡說瘋話
也有通靈者
說我可能是
看到了死後的某種世界
或死而復生
也有說我講科幻
科幻就科幻
我把那段異世界的經歷
就寫成一本書
《晶英客棧：陳福成詩科幻實驗小說》

由地球地瓜島上
著名的文史哲出版社
發行上市
終於引起科學界注意
吾所述
並非科幻
而是真實存在
經得起量子科學的檢證
正是，實踐
是檢驗真理唯一的辦法

現在的我
早已可以自由進出異世界
隨己之意
起心動念

瞬間就到了異世界的晶英客棧
所以空間、距離等
對我而言
已不存在了
至於時間
只要我身處在
異世界
時間對我而言
也是無限的
因為各世界之善男子
善女子
之善靈、善識
能夠得到異世界的簽證
入住晶英客棧
唯一的條件只有八個字

眾善奉行
諸惡不作
只要具備這條件
就自然、自動
取得異世界合法簽證
從此以後
你便永恒了
時間對你而言
了無意義
不是嗎？

在前面我說
我發現了一個異世界
用「發現」
表示那個世界本來就已存在

如同三界各天
各自成為一個世界
地居天、忉利天
……
無所有處天……
都是佛國世界
自遠古
無始以來都是存在的
當然
還有尚未被發現的世界
例如地球人類一直在探索
所謂的外星人
外星世界
這些個世界也是存在的
只是尚未被發現

我高度相信
我發現的異世界
是東方極樂世界
這與西方極樂世界
同屬佛國
按我在晶英客棧所得訊息
所見所聞
異世界一切生靈
都有慈悲善心
也有七寶池
有八功德水
還有
在西方極樂世界
沒有日月出沒

所以不分晝夜
東方極樂世界亦無日月
時間永恒
我想同是佛國世界
差別不大
只是功能、作用不同

說話之間
我又到了異世界
並且就身處
我常住的晶英客棧
為什麼我又回到異世界？
因為接下來
有大德、大師要來參訪異世界
例如蔣介石、毛澤東

二人從西方極樂世界來訪
地球陽界多國領袖
也將來訪
吾老友李清照大姊也會來
多麼殊勝的盛會
我怎能缺席！

第二章　蔣毛參訪各世界　說極樂世界的好

蔣中正和毛澤東
都是我的前輩和老師
他倆在陽界時
在神州大地
掀起巨大的風浪
戰火燒的
天空也火紅
陽光、空氣、水
皆成濁
人心亦濁

十足證實了佛所說
娑婆國土
五濁惡世
劫濁，長期動亂
民生困苦
見濁，左派、右派
無一正派
煩惱濁
每個人肚子裝滿了
貪、瞋、痴、慢、疑
命濁
人命如蚊蟻
朝不保夕
眾生濁
當是時

整個地球人間
東方到西方
北方到南方
地水風火都成災難
全球所見
具是畜生、餓鬼、地獄
這個娑婆世界
到底成了什麼世界？

娑婆世界的百年動亂
終於成為過去
蔣毛二人也離開了人間
他們因緣際會
到了西方極樂世界
他倆為何到了西方極樂世界？

這涉及累世
乃至千年因緣
唯佛能知
總之二人到了極樂世界
放下一切恩怨情仇
成了知音好友
形影不離的好兄弟
二人致力於佛法修行
參訪三界
到處以參訪之便
講經說法
也曾應地藏菩薩之邀請
到地獄，乃至無間地獄
十八層地獄
為明德管訓班之受刑人

講經說法
（這部份可參閱史官陳福成著
《蔣毛最後的邂逅》一書有詳細記錄）

蔣毛二人
（以下按行文之意稱蔣公、毛公）
參訪三界、講經說法
宣揚西方極樂世界的好
鼓舞各世界之眾生
要發大願
才能到達西方極樂世界
較近的世界
如地居天、忉利天、化樂天
兜率天、他化自在天等
再遠如四禪十八天的

少光天、福生天
善見天、善現天
色就近天等
更遠如四無色天
空無邊處天、識無邊處天
無所有處天、非想非非想天等
可謂行遍列國諸邦
不光是觀賞各世界之殊勝
更利用機會
宣揚佛法
傳播西方極樂世界之實況理念等
就在二人參訪非想非非想天
回到西方極樂世界
不久參加一個法會

二人步出道場

商議著參訪異世界的計劃

蔣公突然對毛公說

「潤之兄，我們在神州光顧著打仗啊！」

毛公道：「介石兄怎麼提這往事？」

蔣公道：「只顧打仗，殊勝美景都錯過了。」

毛公道：「介石兄的意思是……」

蔣公道：「先回神州，再去異世界。」

毛公道：「我也想再回神州看看。」

蔣公道：「我們就先回神州。」

毛公道：「至少世界頂級景點要去參觀。」

蔣公道：「比美極樂世界勝景啊！」

二人齊聲道：「就這麼辦！」

毛公道：「我們自從上次回古戰場又過幾百年了。」

蔣公道：「不知神州進步到什麼樣子！」

毛公道：「回去就知道。」

起心動念間
就心想事成了
瞬間就到了北京
讓他們更意外的是
景物全非
除了一些千年古蹟
餘都不認識了
有如進到一個科幻世界
進一步了解
原來神州子民的先進科技
已是由量子與奈米
管理一切交通建設和基礎工程
炎黃子民管轄的領土也更大了

北到貝加爾湖、南到曾母暗沙
西到錫爾河、東到扶桑省
（扶桑省就是數百年前的日本列島
被中國收服後改中國扶桑省
這已是兩百年前的往事
當然，朝鮮半島也早已成為
中國朝鮮省）
廣大的神州國土
都在人民的
一小時生活圈內
真是神啊
蔣毛二人無法形容
神州已達到神級的科幻
才離開多久？
蔣公道：「二百多年吧！」

毛公道：「三百多年吧！」

接下來
蔣毛二人自由行
他們選擇一些世界頂級的景點
心想就事成
瞬間到達
貢嘎山、博格達峰、梅里雪山
納木錯、青海湖、喀納斯湖
茶卡鹽湖、肇慶星湖
洱海、漓江……
五岳是一定要去
還有自然美景
五彩灣、織金洞、香格里拉
武陵源、九寨溝、黃龍

香格里拉、貝加爾湖……
這些都是神州大地
比美西方極樂世界的自然寶產
還有炎黃子民創建
萬年不壞的偉大工程
長城、孔府、大足石刻
蘇州園林、都江堰
坎兒井、元陽梯田……
還有那萬年永固的古城
平遙、鳳凰、麗江、周庄
屯溪、烏鎮……
神州大地尚有
無盡、自然如神的作品
羅布泊、鳴沙山、阿里
烏爾禾魔鬼城、火焰山

塔克拉瑪干沙漠……

蔣毛二人在神州大地
留連忘返
不知過了陽界人間多少年
該看的都看了
該玩的也玩了
他們終於啓動前往異世界的意念
二位還特別指定
住晶英客棧

原來當初二人計劃參訪異世界
除了觀光
尚有兩個目的
一者在晶英客棧有一場

三界高峰論壇
蔣毛二人要參加論壇
並發表論文
向三界來參加論壇的大德們
講述如何才能前往
西方極樂世界
以及西方極樂世界的殊勝
美好等
二人來異世界的第二個目的
是要圓滿蔣公的因緣
原來晶英客棧附近也有
天祥、太魯閣
甚至也有中橫公路
這和數百年前
蔣公在神州邊陲之地瓜島

所見場景相同
蔣公樂當導遊
毛公也樂於同行遊覽
見識一下異世界的殊勝
這是後話了

異世界高峰論壇
在盛況空前中結束後
三界大德們
紛紛前往異世界旅遊觀光
蔣毛二人遊覽結束回來不久
在晶英客棧
有一場輕鬆的小型座談會
我就近去參加
聽聽蔣毛二人說些什麼？

二人又談起
如何才能到達西方極樂世界！
西方極樂世界的美好是什麼！

求生西方極樂世界
有三個條件
信仰、發願、實踐
不難吧
至於西方極樂世界有多麼美好
真是寫不完
說不盡
除了無有眾苦、但受諸樂
已是不得了
還有五個千穩萬當的保證

生到極樂世界
就受阿彌陀佛的大悲願力所攝持
志趣永恒不變
生到極樂世界
常在佛光照燭之中
菩提心祗進不退
生到極樂世界
那水鳥樹林、風聲樂響
皆能演暢法音
聞是法音
念佛念法念僧之心自然而生
生到極樂世界
所見皆善者
沒有一切惡
沒有任何邪魔歪道

生到極樂世界
壽命和阿彌陀佛一樣
無量無邊
除了五大保證外
還多呢！
能夠往生極樂世界的人
都是蓮華化生
永遠沒有病苦老死
沒有三惡道
永遠脫離六道輪迴之苦
極樂世界也沒有一切自然災害
地震、海嘯、交通事故……
全都沒有
只有一切永恒的真善美
沒有一切假惡醜

沒有惡念、沒有陰謀
連陽謀也沒有

阿彌陀佛為我們預備了這個好去處
他又願意接引十方世界
善男子、善女人
都到他那兒去
那末，大家要積極修行
必能到達西方極樂世界

蔣毛二人來到異世界
不知過了多久
各界大德來參加論壇、座談會
或觀光旅行者
結束後

陸續回到自己的世界
蔣毛二人在晶英客棧
尚有美好的因緣
某日，蔣公對毛公說
「潤之兄，我當響導，帶你看看我在地瓜島的因緣」
毛公道：「你在地瓜島的因緣也是我的因緣」
蔣公道：「我倆都是造因造緣者」
毛公道：「為什麼晶英客棧附近有個太魯閣山脈？」
蔣公道：「還有天祥、中橫公路。」
毛公道：「這些都在地瓜島，是否被異世界複製？」
蔣公道：「就當因緣吧！」
毛公點頭稱是。
蔣公道：「帶你看看我在地瓜島中橫公路之旅。」
毛公道：「客棧的中山室有一部歷史影像回顧機。」
蔣公道：「對，可將一千年內影像播放出來。」

毛公道：「也可列印出來。」

蔣公道：「一千年以上要專業人員操作。」

毛公道：「你在地瓜島才幾百年前的事。」

蔣公道：「大概是五百年前吧！」

以下是蔣毛二人

在異世界的中橫公路回顧巡禮

每當他們回到晶英客棧

用歷史影像回顧機

將五百年前影像列印出來

神奇啊！

蔣公道：「地球陽界一九五七年十一月十二日時。」

毛公道：「時間記得那麼清楚？」

蔣公道：「我先看過歷史影像回顧機的播放。」

毛公道：「沒想到異世界有如此先進科技。」

蔣公道：「潤之兄，我們不知道還多呢！」

毛公點頭稱：「是啊！我們太微小了！」

蔣公道：「這一天我巡視中橫公路，意義重大。」

毛公道：「看這路，鬼斧神工啊！」

蔣公道：「工程艱難，有二百一十二位榮民殉職。」

沉思片刻蔣公道：「就建了長春祠紀念這些榮民。」

毛公道：「榮民真的很偉大。」

蔣公道：「一九六〇年十二月七日我巡視了長春祠。」

毛公道：「應該的，要多關心榮民。」

蔣公道：「看！這是天祥的晶英客棧。」

毛公道：「沒想到地瓜島和異世界都有晶英客棧。」

蔣公道：「一九六四年七月廿四我住這裡。」

毛公道：「是住地瓜島的天祥晶英客棧。」

蔣公道：「開建中橫公路有很多功能。」

毛公道：「經濟以外，可以安置很多老兵。」

有很長一段時間
蔣毛二人就在中橫公路上許多景點
留連忘返
偶爾聊聊一下他們數百年前在神州的故事
回到晶英客棧
他們就守著歷史影像回顧機
印證所見
影像出現一九六六年七月十四日
蔣公巡視榮民西寶農場的畫面
毛公道：「退伍軍人不好好安置會造反啊！」
影像又出現一九六六年七月十四日
蔣公在大禹嶺站休息
毛公道：「你這張獨照看起來心事重重。」
蔣公道：「那還用說嗎？」

毛公道：「也是，流落那荒島幾十年！」

蔣公道：「一切都是因緣。」

毛公道：「介石兄境界越來越高了！」

二人在群山間來去自如，這一天他們來到慈恩溪。

蔣公道：「我和內人曾到此一遊。」

毛公道：「何時？」

蔣公道：「一九六七年八月一日。」

毛公道：「說起介石兄夫人宋美齡就傷感。」

蔣公道：「為何？」

毛公道：「她以前打壓佛教是不應該的。」

蔣公道：「幸好她沒有全力打壓。」

毛公道：「差一點使神州成為西方列強宗教殖民地。」

蔣公道：「這一點後來我已警覺到。」

毛公道：「基督教是西方帝國主義的先鋒隊啊！」

蔣公道：「這個歷史已有證實。」

毛公道：「所以基督教永遠都不能在神州傳教。」

蔣公道：「這我同意。」

毛公道：「除非在神州完成了本土化。」

蔣公道：「這是當然。」

蔣毛二人一面在中橫公路各景點閒散漂流

他們走過慈溪、長春橋、慈母橋

這一日，二人來到碧綠神木下

二人在樹下小憩。

蔣公道：「當年在地瓜島時，這神木已三千三百歲。」

毛公道：「現在又過好幾百年了！」

蔣公道：「它恐怕有四千歲了！」

毛公道：「快和炎黃老祖同歲。」

蔣公道：「真是可敬可佩啊！」

毛公道：「你看枝葉依然生氣勃勃。」

蔣公道：「顯其卓然立於太魯閣峽谷的蒼勁生命。」

他們在太魯閣峽谷間
自在的散步
自在的飄、飄、飄
漂、漂、漂

這一天他們飄回晶英客棧參加一個法會
法會結束後
他們到客棧的中山室
開啓歷史影像回顧機
觀賞間
出現一個影像
那是一九六七年八月一日
蔣公伉儷遊天祥長春橋與三位原住民姑娘的合照
毛公道：「這三個姑娘好面熟。」

蔣公道：「又是什麼奇緣嗎？」
毛公道：「不是，三個姑娘好像出現在法會現場。」
蔣公道：「這也太神奇了。」
毛公道：「數百年前的因緣而今再現。」
蔣公道：「這有可能嗎？」
為了求證，蔣毛終於找到這三個姑娘
原來她們參加一個旅行團
住在晶英客棧的另一區
她們先來異世界
參加法會是臨時碰到的好因緣
接下來他們的旅行團
要前往忉利天和化樂天
蔣毛和這三位姑娘相談甚歡
尤其蔣公和三位姑娘
等於是再續五百年前的好因緣

都感到萬分高興
因她們的旅行團馬上要啓程了
他們相互祝福並告別

蔣毛參訪各世界
到處宣揚西方極樂世界的美好
又見到了異世界的殊勝
特別讚嘆住在晶英客棧這些日子
圓了數百年前在地瓜島的情境
地瓜島上的天祥、太魯閣
中橫公路和晶英客棧
這是永恒的夢境啊
至於為什麼重現或被複製在異世界
此中因緣恐有千萬年之深
唯佛能知

在蔣毛二人回西方極樂世界前
將蔣公在地瓜島中橫的留影列印於後
為故事之佐證

總統蔣中正伉儷巡視橫貫公路1957-11-12

中橫公路系統，全名稱爲東西橫貫公路或中部橫貫公路，是第一條貫穿台灣險峻的中央山脈，將東岸與西岸接起的橫貫公路，中橫的歷史始於1914年，原爲日治時代開鑿的理蕃道路，命名爲「合歡越道路」，其開闢爲台灣道路史上輝煌的一頁，橫貫公路之開鑿是具有國防、經濟等多重目的與意義。圖爲1957年先總統 蔣公暨伉儷巡視橫貫公路之興建工程留影紀念。

總統蔣中正伉儷巡視長春祠1960-12-07

長春祠爲紀念當年因闢建中橫公路不幸因公殉職的212位榮民所建立之宗祠。建築本身採中國古典唐代亭台樓閣風格，並有泉水自山壁湧出，形成一道飛瀑直瀉而下，終年不歇，形成「長春飛瀑」，爲中橫公路的一處盛景。祠後有一石梯，高380階，可通往觀音洞。長春祠周圍具環形步道，隨處皆可飽覽峽谷及曲流風光。圖爲1960年先總統 蔣公賢伉儷巡視長春祠留影紀念。

總統蔣中正巡視橫貫公路中國旅行社天祥招待所1964-07-24

1958年，蔣經國先生召開籌建天祥風景區座談會，並洽請上海儲蓄商業銀行所屬中國旅行社於天祥山麓興建「天祥招待所」以推行觀光事業；「天祥招待所」於1961年落成營運，並委由「勵志社」管理。總統出巡或旅行休憩，都會選擇勵志社下榻。而天祥招待所也成爲接待重要訪賓之會所。圖爲1964年先總統 蔣公巡視天祥招待所留影紀念。

總統蔣中正聽取公路局長林則彬簡報1966-07-12
如欲前往太魯閣公園，沿途必經中橫公路。中橫公路也叫東西橫貫公路，是蔣經國當年所提出的。當時他認為這是橫貫台灣東西兩岸的重要交通樞紐，將為台灣的國防、交通、經濟起巨大作用，同時也可以為安置幾萬退役榮軍老兵找到出路。因此在他大力爭取與公路局長林則彬的監督下終於完成這條全長190多公里的浩大工程。圖為1964年先總統 蔣公聽取公路局長林則彬簡報。

總統蔣中正巡視西寶農場1966-07-14
西寶農場原是為安置開發中橫的榮民所設置的生產隊。中橫公路啓用後，生產隊轉型為農場，由退輔會負責管理，土地為退輔會所有，民國77年放領給榮民耕種。原先栽種水蜜桃，此為兩蔣最喜愛的水果，目前居民改種短期農作物青椒、蕃茄及高麗菜等。目前配合太魯閣國家公園的輔導，往生態旅遊及無毒農業及文化產業等方面發展。圖為1966年先總統 蔣公巡視西寶農場照片。

總統蔣中正在橫貫公路大禹嶺站休息留影1966-07-14
大禹嶺舊名為「合歡啞口」，此名由來是因興建中橫公路時，開鑿時艱難險阻，有如大禹治水，所以蔣經國先生特別將此命名為「大禹嶺」。海拔高度約有2,565公尺，是中橫公路主線上最高點，是觀日出與賞雪的最好地點，尤其在冬季賞雪期，遊客常以此為歇腳點，圖為1966年先總統 蔣公在大禹嶺站休息留影。

總統蔣中正伉儷在慈恩休息留影1967-08-01
慈恩海拔1995公尺，位於魯翁溪(又名慈恩溪)上游一帶，因地形、氣候的影響而形成潮溼多雨冷涼的霧帶，生長其間的林木又稱「霧林」。過去該處設有交誼廳供兩蔣巡視休憩之用，太魯閣晶英酒店亦於目前飯店行館樓層仿效此名稱規劃一貴賓區域，給與入住貴賓如同元首視事時的貴賓禮遇，圖為1967年先總統 蔣公家族在慈恩站休憩時留影。

總統蔣中正伉儷經天祥遊長春橋與原住民合影1967-08-01
長春橋位於太魯閣入口處約3公里，是進入太魯閣口後第一座橋，橋長141.16公尺最大淨寬9.5公尺，左接寧靜禪靈的禪光寺及深空幽遠的長春祠、望海亭，長春祠內供奉著中橫公路興建工程殉職的200多位前輩靈位，古式建築風格依地勢嵌入山壁間，清新的泉水自祠內湧出，形成一道飛瀑，如同國畫再現，栩栩如生。圖爲1967年先總統 蔣公於長春橋前與原住民合影留影。

總統蔣中正伉儷於慈母橋留影1967-08-01
慈母橋是一座形狀美麗的紅色大橋，位於天祥以東三公里處的中橫公路上，爲立霧溪與其支流荖西溪的匯流處。爲斜張式鋼橋，橋頭橋尾各設有一對白色大石獅。橋畔建有一座大理石涼亭，相傳原住民婦女思念外出未歸的孩子，每天立於山坡上盼兒早歸，於是在橋畔建了涼亭，並以慈母橋與慈母亭命名，傳爲佳話。圖爲1967年先總統 蔣公家族於慈母橋前合影留影。

總統蔣中正伉儷參觀橫貫公路碧綠神木1969-08-24
碧綠神木樹齡在三千三百年左右，高約四十公尺，屬於香杉類。和其他神木最大的差異，在於碧綠神木仍是棵「活神木」，現在仍青翠的滋長在大地，枝頭上綠芽時而可見，尤其在春夏之時，茂密的枝葉將神木點綴得生氣勃勃。座落於中橫公路慈恩到關原間，枝葉招展宛如一株迎賓樹，顯其卓然立於太魯閣峽谷間的蒼勁生命。圖為1969年先總統 蔣公賢伉儷於碧綠神木前留影紀念。

總統蔣中正伉儷等人經過九曲洞小憩合影1969-08-24
九曲洞位於中橫公路太魯閣西行後14.4公里處，洞內刻有「如腸之迴，如河之曲，人定勝天，開此奇局！」十六個大字，是時任台灣省主席的黃杰所題。九曲洞並非有九曲，而是取其曲折洞天之意。現在在九曲洞旁開有雙線隧道，原九曲洞的道路已設為景觀道路，並有解說牌和停車場等讓遊客可步行觀賞。圖為1969年先總統 蔣公賢伉儷經過九曲洞留影紀念。

第三章 晶英客棧有貴客 外星人要來取經

說起外星人
在地球上的人類世界
找尋了好幾千年
都沒有發現
雖然說人類世界科技已很先進
但和異世界相較
乃至和西方極樂世界相比
還是很原始
從一件事可以證明
人類科技大約到了廿三世紀

最先進的太空飛船
仍然飛不出太陽系的邊界
科伊伯帶
而異世界和西方極樂世界
最先進的科技
已突破時空限制
可以瞬間在各世界穿梭
當然包含穿梭在外星人的世界
進行雙邊交流

人類也有很多科學家
積極在做研究
發展高科技
試圖要突破時間和空間的限制
才能和外星人世界接觸

這何其困難
按最近在晶英客棧有一場
星際科技論壇
有一篇科學論文提到
人類科技要能突破時空
自由進出各世界
包含外星人的世界
大約還要經過十萬年的
研究、實驗和演化
到那時自然可以接觸到外星人
所以地球上的科學家
說找不到外星人
這在十萬年內
可以說是永遠的大問題
還必須在這十萬年內

人類世界沒有毀滅
若是毀滅了
也等於永遠找不到外星人
永遠是無解的習題

在三千大世界
三千小世界中
存在許多有智慧的生命體
在異世界
這是很基本的知識
要深入了解
在那些個世界
有什麼先進的生命體
或叫外星人吧
他們地理位置、歷史文化

乃至他們的經濟、科技、種族
組成的國家等等
這些屬於專家級的學識
我也不知道
幸好，只要花工夫
晶英客棧的大圖書館
可以説是三千大世界
和三千小世界的知識寶庫
所有各世界
自無始以來億萬年間的歷史
發生過的事
包含戰爭、和平與現況
都典藏在
晶英客棧圖書館中
這段時間我在圖書館翻閱

就看到《忉利天發展史》、《化樂天發展史》
以及《非想非非想天之現況》等
還有更深入、專業的
三千大世界也有眾多生命
都有專書記錄
有的可播放影像
或可請專家講授
以下僅介紹兩個
距離異世界最近的兩個世界
一千年來的狀況

就在出了科伊伯帶
約十萬億空間
其西方有一個名叫「悖鈦蹊癢聯盟」的世界
（簡稱悖鈦聯盟）

這是由三十多個外星人國家
所組成的民主聯盟
這個民主聯盟的種族比較複雜
所以形成了三十多個國家
如辜盧族、祖邇嫚族、洿磬莝族
殃蛤滷煞剋噗族等
三十多種族
形成了三十多個國家
在久遠的歷史上
多次追求統一
最接近統一的一次戰爭
發生在幾百年前
一個叫拏粕圇的英雄
發動統一之戰
終歸失敗

之後多年也又
發生過很多戰爭
最後分裂成現在的三十多個小國家
為對抗其東方的堊覼虒族
乃組成悖欽聯盟
以求得各小國的安全生存

另出科伊伯帶十萬億空間
其東方有個很強大的堊覼虒族
組成一個統一的
堊覼虒共和國
其人口、領土
比悖欽聯盟大很多
這個堊覼虒族在數百年前
其實領土不大

在「煞垩」時代不斷向東方擴張
也打了不少戰爭
那些東方弱雞紛紛投降
簽下割地賠款的條約
獲得廣大的領土資源
最終形成
強大的垩䶑虒共和國
他不是三千大世界最大的強權
只是出科伊伯帶
附近諸世界
最大的強權

由三十多國家所組成的
悖欽民主聯盟
和垩䶑虒共和國

長期以來都處恐怖平衡狀態
雙方都在邊界
佈下天羅地網
在恐怖對峙中
雙方子民也過了
幾十年的平靜安穩的日子
直到有一天
悖鈦聯盟背後的老大
一個名叫 罧痢姦豿㾓國
他是悖鈦聯盟以西
科伊伯帶較遠處一個更大的強權
這個強權一般叫「罧帝」
罧帝有一種戰略思維
他們計劃削弱堊覼虎族的實力
進而再裂解堊覼虎共和國

使其分裂成許多小國
才是罧帝最大的利益
不斷鼓動悖鈦聯盟東擴
以對至覾虒共和國形成
壓迫與包圍
至覾虒共和國當然是要抗議的
抗議無效
罧帝不斷策動悖鈦聯盟東擴
東擴再東擴
如此五次東擴
至覾虒共和國
終於忍不住
因為感受到強烈的戰略危機
敵人已在門口舞刀弄槍
當是時

垔⿰鬲見虎族的領導是
有史以來最強硬
最偉大的普酊大帝
他以迅雷不及掩耳之勢
對洿磬婪族發動
特別軍事行動
戰爭打了好幾年
槑帝帶著悖鈦聯盟三十多國
全力支援洿磬婪族
打代理人戰爭
企圖削弱垔⿰鬲見虎實力
乃至分裂垔⿰鬲見虎
對垔⿰鬲見虎發動戰爭
最終不意外的
爆發了嚴重的核戰爭

悖鈦聯盟諸國
算是完全毀滅了
所謂殺敵一百
己亡七十
垔覼虒共和國也是半毀狀態
而槑帝
也因受到核武攻擊也是半毀
加上內部權力鬥爭
各州相互攻伐
分裂成許多小國
其較強者有七個
持續戰爭
稱「戰國七雄」

垔覼虒共和國因受到嚴重破壞

核污染難以解決
整個經濟、社會、民生
數十年處於瓦解邊緣
因而開啓
外星人到異世界取經的機緣
實際上是
出科伊伯帶的外星世界
垩覼虒共和國代表團
出訪異世界
他們就住晶英客棧
到底外星人
組團參訪異世界
是要取什麼經？
晶英客棧也將有一段時間的熱鬧
各世界的生命體

諸種形式的智慧者
齊聚一堂
要講什麼經？
說什麼法？

外星人組團參訪異世界
要住晶英客棧
這是有史以來的第一次大規模來訪
以往雖有外星人到異世界
都是極稀少的
所以很快在晶英客棧
甚至整個異世界
引起轟動
一般大眾首先好奇外星人的長相怎樣
其實各世界的智慧生命

共同的外相就是
兩足兩手一個頭
直立行走
一般大眾第二個好奇的是
外星人要來取什麼經？
不久異世界的中央電視台
發佈訊息
說外星人要來取佛經
原來這垩覼虒共和國
經歷許多戰爭、受到毀滅性打擊後
他們的領導階層和許多有智之士
深深覺悟
要痛改前非
徹底改變未來發展政策
「佛化」是他們的總目標

他們要建設一個
寧靜、安祥、自在的佛化世界
經過許多研究
到各世界考察
最終決定到異世界取經
經過交涉
並由異世界的外交總部
發出同意邀請
他們也才能夠到達異世界
取得入住晶英客棧的資格

這又引出另一個疑問
取佛經
西方極樂世界才是正宗
在幾千年前

地球世界的神州大唐時代
有僧人玄奘
就是到西方極樂世界取經
歷史上記載西天取經
西天乃西方極樂世界也
是最完善的佛化世界
垩覼虒族人取佛經
何不到西方極樂世界？
而來次要的
東方極樂世界
即我現在所住的異世界！
有專家表示
以垩覼虒族人的境界、水平、現狀等
根本不可能到達西方極樂世界
在前文已述

到達西方極樂世界的三個必要條件
信仰、發願、實踐
巠覼虒族人無一俱備
想都別想
提都別提
照規定來說
巠覼虒族人也到不了異世界
因為到異世界的兩個自然條件
眾善奉行、諸惡莫作
他們雖曾有眾善
但因戰爭
也傷害了很多生命
惟因他們有所覺悟
要建設佛化世界
異世界外交單位才會專案同意

發出特別邀請書
未來將會提供資源
協助埿覼虒族人建設佛化世界
若能成功
將可帶動更遠的外星世界
也能進行佛化建設
以下就簡述
如何以晶英客棧為基地
協助這個埿覼虒外星族
一步步完成佛化建設

按異世界和埿覼虒世界
簽訂之協議書（視同條約等級）
從此開始
到未來時間

坙覾虒世界約是一百年
地球人類世界二十年
會由異世界教育總部
出面邀請
目前住在異世界、西方極樂世界
以及正在地居天、忉利天、化樂天
少光天、福生天
善現天、四無色天
無所有處天、非想非非想天
等世界講經說法的高僧大德
前往坙覾虒世界
擔任佛學專任教授
講授所有各部佛經
以及佛法理念等
這些高僧大德包含

歷史上著名的佛學大師
星雲、聖嚴、證嚴、惟覺、心道約百餘高僧
又如禪宗初祖達摩、二祖慧可
三祖僧璨、四祖道信
五祖弘忍、六祖慧能
乃至如趙樸初居士、楊仁山菩薩
虛雲老和尚等也有百餘人
這是一個大陣容
他們都會先後安排時間、課程
在垩靦虎專任
講授佛法的重責大任
以上都只是
異世界協助垩靦虎世界
佛化的「軟體建設」

佛化的軟體建設層面很廣
按照協議書
異世界也會派出很多
音樂家、歌唱家、作曲家、作詞家詩人等人才
為塈𩴾虒世界的兒童、中學生
以及高等教育團體
各種社會組織
創作適合他們的歌曲
使他們的人民
漸漸適應佛化音樂
從心靈的轉變
塈𩴾虒族的佛化建設
才能深入人心
效果自然成
以下這首〈三寶頌〉

將會成為至覼虒共和國之國歌：

南無佛陀耶、南無達摩耶

南無僧伽耶、南無佛法僧

您是我們的教主

您是我們的真理

您是我們的導師

您是我們的光明

我皈依您！我信仰您！

我尊敬您！南無佛陀耶

南無達摩耶

南無僧伽耶！

另在佛化之硬體建設

也是一個龐大、複雜又長期的工程

按照協議書

至⿰爾見虎共和國要建設
八萬四千座佛寺
做為人民禮佛
以及辦各項活動的場所
禮佛、法會
將會成為人民生活的一部
與佛相關的節日
也將成為共和國之重要慶典
為盡早完成八萬四千佛寺
至⿰爾見虎除了動員本土人才外
異世界也將派出許多
工程師、設計師、藝術家
畫家、雕刻家等各種專家
負責指導協助等

此外，按照協議書
未來很長一段時間
垩覶虒將派出數十批
學者、專家、留學生以及
多批「遣異使」到異世界
做考察、研究、學習
留學生主要學習
經史、詩文、工藝、科學、天文
學習佛法則是主流
以上種種
都是在協議書生效後
馬上就要啓動的偉大工程
這是外星人世界中
垩覶虒族人第一個
萬年以來的百年大業

只能成功
不許失敗
有異世界的協助加持
成大功立大業是可以期待的

而當下
垩覼虒共和國領導階層
代表團百餘人
已住進晶英客棧
接下來
晶英客棧有
一場接一場的論壇、座談、會議等
都是有協議的具體事項、分項、細節
雙方都要討論出
可共同執行的內容

才能最後定案
成為正式的條約
在這漫長的協商過程中
另有多場佛經論壇
堊覶虒百餘代表團成員
都要參加，例如
《心經》要釋初階講解
《金剛經》的核心思想
《阿彌陀經》的淨土要義
《地藏菩薩本願經》的倫理思想
《法華經》初釋

啊！真是千頭萬緒
晶英客棧可熱鬧了
做為外星人來取經的基地

未來至覼虒佛化成功
將帶動更遠的外星世界
也來取經
佛法傳播到各世界
晶英客棧有功焉

第四章　李清照率志工團　異世界觀光旅遊

說起李清照李大姊
大家記得的
是她不朽的作品
流傳三界啊
尋尋覓覓，冷冷清清
淒淒慘慘戚戚
乍暖還寒時候，最難將息
……

我和李大姊有千年因緣

數百年前
我到地獄參訪、講學
遇到當時也在地獄當志工的李大姊
此後數百年
我和李大姊
始終有連繫
她經常游走於三界諸天國
帶領志工團
做了很多奉獻
幾乎做到了無畏布施的境界
功德無量啊
此事有史官記錄在
《蔣毛最後的邂逅》一書
史官之正史記錄
白紙黑字

鐵證如山
並非夢話科幻

此際，就在外星人來訪結束後
晶英客棧任務也告一段落
人潮少了
每天都顯得平靜
李大姊知我在異世界長住
率領她的志工團
也來異世界旅遊
志工團也住晶英客棧
客棧有專業導遊
引導著志工團旅遊異世界各景點
當然，天祥
太魯閣、中橫公路如

長春祠、西寶農場、大禹嶺
慈恩、長春橋、慈母橋
碧綠神木、九曲洞
也要去走走
因為她和蔣毛二人
也有一段緣
那是數百年前
蔣毛應地藏菩薩之邀請
到地獄的明德管訓班
為受刑人
講經說法
那時李清照正好在地獄當志工
就負責接待蔣毛二人
這些過往的歷史
也都記錄在

《蔣毛最後的邂逅》一書
李大姊除了率志工團游走各景點
在晶英客棧裡
我們也有一些私下相處的時間
千年老友相見
格外溫馨
有時，想要回憶回憶
我們會打開中山室的歷史影像回顧機
播放數百年前
我們有過的共同行腳
或看看當年
蔣毛在地獄講經說法的實況
如夢如幻
她突然有悟說

「一切有為法、如夢幻泡影」
我接口說
「如露亦如電、應作如是觀」
她重複說
「是啊！應作如是觀」
我回說：「所以要珍惜現在做有意義的事」

有一回
我和李姊在客棧的交誼廳
用餐、喝咖啡閒聊
（在異世界都是素食，包含其他生物
獅、虎、豬、犬……也都素食
看第七章再述）
李姊提到數百年前
神州邊陲之地瓜島

一群東廠惡靈
李登輝、蔡英文、游錫……
等妖女魔男百餘人
因作惡太多
給人民帶來無窮苦難
都關在無間地獄的明德管訓班
現在已過了幾百年
還關在裡面
李姊邊說邊嘆道：「因果是很厲害啊！」
我答道：「因果逃不掉，很可怕！」
李姊道：「所以絕對不要造惡。」
我道：「造惡就是種下了惡因。」
李姊道：「種惡因，自己就必須收惡果。」
《眾許摩訶帝經》說
「眾生之所作，善惡經百劫

因業不可壞，果報終自得」
另在《大寶積經》也說
「假使經百劫，所作業不亡
因緣會遇時，果報還自受」
我和李姊幾乎同時
想到這兩部經上的兩首詩偈
相互勉勵
在修行的道路上不可放鬆
要精進、要學習

又有一回
李姊帶著志工團
參加晶英客棧舉辦的一場法會
當然我也參加了
結束後

我們在交誼廳小坐
她提到一個很驚悚的訊息
當她帶著志工團
要離開地獄前來異世界時
地獄的中央教育委員會
決定在無間地獄成立
「特別明德管訓班」
這班裡的受刑人非常特別
從受刑人名單可知
全部是數百年前
地球陽界有一個罪惡之國
名叫美利堅合眾國
史書記載是：槑痢姦狷瘓國
當時一般通稱「槑帝」
這特別明德管訓班內

就關著曾經當過 槑帝領導共

四十六位大頭目

李姊道：「是三千大世界中最大的罪惡之國」

我道：「我略有所知，他們就是罪惡集團」

李姊道：「他們的罪行罄竹難書啊」

我道：「販賣黑人、屠殺原住民……」

李姊道：「強制隔離原住民兒童……」

我道：「還有種族歧視、亂倫……」

李姊道：「他們還到處侵略小國、鼓動戰爭」

我道：「當時地球上的戰爭都是槑帝發動」

李姊道：「真是罪惡之國」

這個美利堅合眾國

或就叫 槑瘌姦貉瘲國

建國二百多年中共有四十六位大頭目

每一個都是首惡嗎？

依據地獄的調查委員會
配合九殿閆羅的最後調查總結
四十六位大頭目
每一個都犯下多項重罪
如戰爭、屠殺、種族滅絕
因此，最後判決這四十六個首惡
都必須關入地獄特別成立的
特別明德管訓班服刑
其名單如下：
華盛頓、亞當斯、傑佛遜
麥迪遜、詹母斯門羅
約翰亞當斯、安德魯傑克森
范布倫、威廉哈里森
約翰泰勒、詹母斯波爾克
札卡里泰勒、菲爾默爾、富蘭克林皮爾斯

布坎南、林肯、安德魯詹森
格蘭特、海斯、加菲爾
亞瑟、克里夫蘭
班傑明哈里森、麥金利、狄又多羅斯福
塔夫脱、威爾遜、華倫哈定
柯立芝、胡佛、羅斯福
杜魯門、艾森豪、甘乃狄
詹森、尼克森、福德、卡特
雷根、（老）布希、克林頓
（小）布希、歐巴馬、川普、拜登

做惡多端
進入了無間地獄之
特別明德管訓班
其刑期

求出無期啊
警示各世界諸邦
身為領導應帶頭行善
若有了權力
便要作惡
給人民帶來苦難災禍
因果報應
絕對是逃不掉的
不是不報
時候未到
蔣毛、李姊等
游走於各世界
說的便是這種法

晶英客棧乃三界之中

最適合居住的社區
其完善之程度
僅次於西方極樂世界
晶英客棧的特色是
除了有佛法相關的活動
例如經常有各種法會
星際交流活動
也有各種文化、音樂、娛樂等活動
在李清照志工團進住期間
就有兩場大型歌唱晚會
目前正在三界巡迴演唱的多位歌唱家
都特來義唱，曲目如下
周璇，〈送君〉、〈叮嚀〉、〈漁家女〉
〈合家歡〉、〈月下佳人〉、〈星心相印〉
美黛，〈晚霞〉、〈雪山盟〉、〈寒雨曲〉

〈一朵小花〉、〈多加一點點〉

蔡琴，〈初戀〉、〈懷念〉、〈問白雲〉

〈神秘女郎〉、〈痴痴的等〉、〈魂縈舊夢〉

張艾嘉，〈惜別〉、〈光陰的故事〉

青山，〈把握人生的方向〉、〈重相逢〉

鳳飛飛，〈喝采〉、〈太湖船〉、〈流水年華〉

〈我是一片雲〉、〈綠島小夜曲〉

白光，〈嘆十聲〉

尤雅，〈往事只能回味〉、〈娜奴娃情歌〉

費玉清，〈水長流〉

謝雷，〈碧蘭村的姑娘〉、〈多少柔情多少淚〉

鄭少秋，〈楚留香〉

鄧麗君，〈千言萬語〉、〈在水一方〉

〈星月的別離〉、〈何日君再來〉

以上只是例舉

還有著名的歌手如
林文隆、林慧萍、郜肇玫、張琍敏
齊豫、張琪、萬沙浪、楊燕
陳蘭麗、包娜娜、孫情、蕭麗珠
楊小萍、冉肖玲、甄妮
翁倩玉、王芷蕾、陳芬蘭
乃至曾在陽界西洋的巨星如
貓王埔里斯來、彼頭四
麥可傑克孫、安地威廉斯等
也來客串一角
可見晶英客棧這段時間的盛況
李清照志工團適逢這段
音樂饗宴
真是好因緣

李清照大姊
率領地獄志工團
參訪異世界
圓滿成功
她本可久住異世界
享幾百年清福
或就長在西方極樂世界
過著
無有眾苦、但受諸樂
自在修行生活
她選擇了另一種修行法門
經常到地獄當志工
行菩薩道
現在她將率志工團
回地獄交差

（不久她還會來晶英客棧）
行前我在晶英客棧的
晶英餐館
為她們一行等
餞行送別
大家享用著晶英餐館的美食
喝著異世界特產的美酒
（不含酒精的美酒）

席間，我問李大姊
害死岳飛的五個人
秦檜夫婦
張俊、王俊、萬俟
是否仍在無間地獄？
我曾在無間地獄為受刑人上課

那五人上過我的課
故我關心一問
李大姊據她所知說
他們雖然已關了一千多年
最近可能會轉送到
第十八層地獄的明德管訓班
再受特別教育五百年
這是地獄教育委員會
對惡性難改者所進行的特殊教育計劃
其教育宗旨在
徹底清除
神識中的惡質
復原善良本性

臨別有說不完的話題

對那些仍在地獄受刑的眾生
大家只能給予無限同情
期許他們早日覺悟
能求出有期
對我們有此好因緣
真是感恩
也祈禱
三界諸天各世界
無戰爭、無災難、無人禍
無惡事、無惡人、無惡心
就像這異世界
或西方極樂世界
對於不久之後
在晶英客棧
有一場盛大的短期出家法會

由星雲大師主法
李姊和幾位幹部表示
也會前來參加
我們互道珍重
期待再相見

第五章　有緣人短期出家　晶英客棧大法會

短期出家
是星雲大師首創
他在地球世界的人間列邦
辦過無數場
每一場都有各界有緣眾生
成千上萬
扶老帶幼前來參加
大師發願來生仍要當和尚
所以他後來到了各世界
已不知主法過多少場次的

短期出家大法會
恐已無量無邊
數百年前
我曾皈依在星雲大師座下
對於這次師父他老人家
能到晶英客棧
主持短期出家大法會
千載難逢的良緣
我怎能不全程參加！

這場在晶英客棧舉辦的短期出家法會
吸引各世界的有緣眾生
首先是佛法大師們
證嚴、聖嚴、惟覺、心道大師等
虛雲老和尚、趙樸初居士

楊仁山菩薩……
數百年前神州大地的
佛光山系統、中台山系統……
許多大師也來了
有的分別擔任
得戒和尚、羯摩和尚
教授和尚或
開堂和尚等
還有，你相信嗎？
神州歷史上著名的詩人
李白、杜甫、三蘇……
來了一群
乃至秦皇、漢武、康熙帝
竟也來了
李清照帶著十餘志工也來幫忙

蔣毛也到了
二人還帶了一些人來
跟蔣公一起來的是
戴之奇、戴安瀾、熊綬春、劉麟書
張靈甫、蔡仁傑、胡長青、邱清泉
戴雨農、黃百韜
跟毛公一起來的是
朱德、彭德懷、林彪、劉伯承
賀龍、陳毅、羅榮桓、徐向前
聶榮臻、葉劍英
名單中有幾位很意外的來了
羅宗洛、陸志鴻、莊長恭
傅斯年、錢思亮、閆振興
曾在晶英客棧演出的歌星如
鳳飛飛、鄧麗君、高凌風等

也來了不少人
還有，一九六七年時
和蔣公在天祥長春橋合照的三個原住民姑娘
也聞訊而來
這個短期出家大典
無比殊盛啊

以下是史官的全程記錄

壹、大衆雲集、禮佛三拜

貳、迎請和尚

（引禮師呼：班首八人出班，二人執香，隨我迎請和尚）

參、香讚

爐香乍爇，法界蒙熏，諸佛海會悉遙聞，隨處結祥雲，誠意方殷，諸

佛現全身，南無香雲蓋菩薩摩訶薩（三稱）（戒子向上禮佛三拜）

肆、南無本師釋迦牟尼佛（三稱）

伍、般若波羅蜜多心經

觀自在菩薩　行深般若波羅蜜多時　照見五蘊皆空

度一切苦厄　舍利子　色不異空

空不異色　色即是空　空即是色

……

（引禮師呼：諸善男子善女人等，至誠頂禮和尚三拜　問訊　長跪合掌）

陸、開　導

和尚問：諸善男子善女人，我今有話問汝等，汝等要一一如實回答。

汝等善男子善女人，今天自願發心皈依佛，以佛為師，盡形壽不皈依外道天魔，汝等能做到否？

出家者：能。

和尚問：汝等善男子善女人，今天自願發心皈依法，以法為師，盡形壽不信奉外道邪教，汝等能做到否？

出家者：能。

和尚問：汝等善男子善女人，今天自願發心皈依僧，以僧為師，盡形壽不跟外道門徒，汝等能做到否？

出家者：能。

柒、懺悔發願（一句一拜）

和尚云：「諸善男子善女人……」

（引禮師呼：「一齊起立」「合掌」）

往昔所造諸惡業　皆由無始貪瞋痴
從身語意之所生　一切我今皆懺悔
眾生無邊誓願度　煩惱無盡誓願斷

法門無量誓願學　　佛道無上誓願成

南無普賢王菩薩摩訶薩

（三稱三拜懺悔畢，引禮師呼：「長跪」「合掌」）

捌、皈依（和尚念一句，皈依者隨後念一句）

和尚云：「諸善男子善女人……」

㈠皈依佛，皈依法，皈依僧。

皈依佛兩足尊，皈依法離欲尊，皈依僧眾中尊。

皈依佛竟，皈依法竟，皈依僧竟。

（引禮師呼：「頂禮一拜」「合掌」）

㈡皈依佛，皈依法，皈依僧。

皈依佛，生生世世，不皈依外道天魔；

皈依法，生生世世，不信奉外道邪教；

皈依僧，生生世世，不跟隨外道門徒；

皈依佛竟，皈依法竟，皈依僧竟。

（引禮師呼：「頂禮一拜」「合掌」）

㈢皈依佛，皈依法，皈依僧。

皈依佛，生生世世，永不墮地獄；

皈依法，生生世世，永不墮畜生；

皈依僧，生生世世，永不墮餓鬼；

皈依佛竟，皈依法竟，皈依僧竟。

（引禮師呼：「頂禮一拜」「合掌」）

玖、出家說法

地湧金蓮空雨花，天龍八部競宣誇；

萬千瑞象榮梵剎，為慶佛子新出家。

原夫一切眾生，莫不具有如來智慧德相，只因一念不覺，遂爾流轉生死，六道輪迴，苦痛無量，雖然人間天上，馬腹牛胎，惟此智慧德相，從未損減分毫。

亦若衣裡明珠，室中寶藏，歷劫常在，顛沛不離，可憐凡夫迷失本真，懷珠作丐，藏寶受貧，是亦大可哀矣！

然則明珠寶藏，非指示而莫曉，返迷趨覺，必修行焉始成，以言修行，故有在家出家之分。

求其究竟，當以割愛辭親為尚。是以大覺世尊，皇宮降跡，示種族之尊勝，雪嶺修因，垂出世之楷模。

今有善男子△△等善女人△△等，發殊勝心，立堅固志，放下煩惱之俗緣，拈起清涼之真諦，得六親之默契，仰三寶以護持。

乃於吉旦良辰，禮△△為師，出家學道，旖歟盛哉！斯誠不可思議之大因緣也。

昔有某居士問徑山禪師曰：「弟子出家可乎？」

師曰：「出家乃大丈夫事，非將相之所能為也。」

出家之殊勝焉可見。

禪家龜鑑有曰：「出家為僧，豈細事乎，非求溫飽也，非求名利也，為了生死也，為斷煩惱也，為續佛慧命也，為出三界度眾生也。」

解乎也，則出家一事，確非將相者所能為矣。

今△△等諸仁者，毅然為之，其大丈夫也歟！雖然如是，即今出家一句，又作麼生？

放下塵勞諸枷鎖，換來清淨自由身；

從今到處任自在，普度沈迷夢裡人。

△△諸善男子、善女人，今為汝等剃度，汝等當至誠答我所問：

㈠汝等短期出家者，今發心依止我出家，現在要為汝等剃除頂髮，可否？

出家者答：可。

㈡汝等發心短期出家，有得到父母、親人同意否？

出家者答：有。

㈢汝等出家後，當依止常住，安住身心，克勤克苦，認真修道，能做到否？

出家者答：能。

㈣汝等出家後，當嚴持戒律，更要發菩提心，立志成就佛道，能做到否？

出家者答：能。

拾、剃度（和尚一刀一白，出家者一受一合）

和尚云：「諸善男子、善女人……」

願斷一切惡事（第一刀）

願修一切善行（第二刀）

願度一切眾生（第三刀）

果證圓滿菩提（圓滿）

（引禮師呼：「一齊起立」「至誠禮謝師父頂禮三拜」「問訊」「長跪」「合掌」）

拾壹、發　願

引禮師白：

古德有云：「入道要門，發心為首。修行急務，立願居先，願立則眾生可度，心發則佛道堪成。」

汝等今志願發心短期出家，應對佛前立下誓言，祈求三寶慈悲，哀愍攝受。各稱自己法名△△：

（新戒發誓，一願一拜）

㈠我弟子△△，發願從今遠離俗緣，短期出家，上求淨戒，下安身心。

㈡我弟子△△，發願從今禮敬三寶，深信因果，入如來地，不忘初心。

㈢我弟子△△，發願從今聽聞正法，親近知識，正知正行，修學佛道。

㈣我弟子△△，發願從今謹遵師訓，逆來順受，依教奉行，不生疑慮。

㈤我弟子△△，發願從今粗茶淡飯，出坡勞動，感恩惜福，知足常樂。

……

（引禮師呼：「合掌」）

拾貳、和尚開導

諸善男子、善女人，汝等既已出了家，並發了大願。當於戒期中，嚴守戒律，認真學習威儀規矩，來朝再為汝等秉宣授戒，汝等能依教奉行否？

出家者答：依教奉行。

剃度出家儀式圓滿，大眾同音，念佛回向！

（引禮師呼：「一齊起立」「分班」）

拾參、回　向

出家功德殊勝行　無邊勝福皆回向
普願沈溺諸有情　速往無量光佛剎
十方三世一切佛　一切菩薩摩訶薩
摩訶般若波羅蜜

引禮師呼：「迎請者恭送師父回寮」

沙彌首云：「眾戒兄一齊向上排班，禮謝諸位引禮師父頂禮三拜」

短期出家儀式圓滿完成
之後戒子們過了一段
完整的出家人生活
每日早課、晚課
懺摩、演禮、上堂上供
排班、行堂、過堂
經行、放香、普坡
你會發現
這裡體現了眾生平等
大家都放下了自我
乃至無我
蔣毛二人在數百年前
是多麼尊貴

現在與大眾一起排班
過堂、出坡等
過堂時，食存五觀
計功多少，量彼來處
忖己德行，全缺應供
防心離過，貪等為宗
正事良藥，為療形枯
為成道業，應受此食

短期出家期間
每日都有滿滿的各種修行功課
其中包含學術專題演講
講者都是數百年前
佛光山系統培養出來的大師如
永固法師，〈佛教的戒定慧學〉

心培法師，〈正解真理密碼：三法印〉
慧開法師，〈四諦法門〉
慧敦法師，〈阿含經──四念處〉
依空法師，〈華嚴經的十地思想〉
慧昭法師，〈從心經到金剛經的菩薩道〉
鄭石岩教授，〈在家三學之實踐〉
覺多法師，〈禪宗法脈〉
永藏法師，〈淨土思想要義〉
永中法師，〈佛教在神州的發展〉
永本法師，〈出離心的智慧〉

各世界的有緣人
許多著名的高僧大德
在晶英客棧
一起過了一段短期的出家生活

真是千載良緣
當短期出家所有功課全都結束時
最後有一場
捨戒儀式
這類似畢業典禮
也由史官全程記錄如下

壹、大眾雲集、禮佛三拜（引禮師呼：「問訊展具」）

貳、爐香讚

爐香乍爇，法界蒙薰
諸佛海會悉遙聞，隨處結祥雲
誠意方殷，諸佛現全身
南無香雲蓋菩薩摩訶薩

參、南無本師釋迦牟尼佛（三稱）

肆、般若波羅蜜多心經

觀自在菩薩，行深般若波羅蜜多時
照見五蘊皆空，度一切苦厄
舍利子，色不異空，空不異色
色即是空，空即是色
……
波羅僧揭諦，菩提薩婆訶
（引禮師呼：「諸沙彌、式叉摩那等，至誠頂禮和尚三拜」「問訊」「長跪」「合掌」）

伍、新戒弟子白捨戒文

弟子△△等，蒙三寶加被，欣逢星雲大師在異世界之晶英客棧主法短期出家修道會，得以參加勝會。修道期間，謹遵教示，用功修行。今法會圓滿，以各界因緣，須捨戒回歸。為報答常住三寶及十方大眾護持之恩德，今後願發大菩提心，護持三寶，行菩薩道，齊為宏揚正法，與隆佛教，矢志努力。

今於三寶座前，請求捨出家戒，惟願三寶哀愍攝受，慈愍故！

（引禮師呼：「頂禮一拜」「合掌」）

陸、和尚開示

諸善男子善女人！經云：「人身難得、佛法難聞」。汝等已得人身，又聞佛法，且發心短期出家，更為殊勝難得。今法會圓滿，汝等請求捨戒，回歸各世界，可爾。

諸引禮大德為汝等誦偈收回衣鉢坐具。

善哉衣鉢具，莊嚴身與心

有緣得受持，感謝三寶恩

（引禮師呼：「長跪」「合掌」）

和尚云：諸善男子、善女人，汝等已捨出家戒竟，返回各世界，更當堅固道心，常於佛前禮拜懺悔，發願常隨佛學，護持正法，為圓滿菩提，而努力精進。

今雖已捨出家戒，仍應秉持佛法精神，時時奉行「給人信心、給人歡喜、給人希望、給人方便」的修行信條，以廣結善緣，成就佛道。

如上言教，能依教奉行否？

大眾答：依教奉行。

（引禮師呼：「一齊起立」「至誠禮謝和尚三拜」）

柒、三皈依

自皈依佛　當願眾生　體解大道　發無上心

自皈依法　當願眾生　深入經藏　智慧如海

自皈依僧　當願眾生　統理大眾　一切無礙

捌、回向

慈悲喜捨遍法界　惜福結緣利人天
禪淨戒行平等忍　慚愧感恩大願心

附錄：詩讚晶英客棧大法會

有一種聲音在呼喚
從哪裡來？
西方極樂世界？
東方極樂世界？
色界、欲界或無色界？
或異世界？
聽得到，找不到！
再傾聽、靜聽
諦聽

啊！在晶英客棧
檢證一下
也不是
再諦聽
啊！很近了
和自己無距離
原來是法會
啓動了內心的呼喚
是眾生在呼喚法會
或法會呼喚眾生
無差別

你在那裡？
天涯不遠
天涯就在你心中

你諦聽
三千大世界
以及三千小世界
具在你心中
呼喚
那佛歌在心中唱誦
不論在哪一個天涯
你就在法會中
從此以後
生命的旅程不論轉到
哪一個世界
你都是在演譯一場
無盡的法會
啊！諸世界

一切眾生
你，就是你
你還在紅塵打滾嗎？
或泡在泥中！
在火上烤
在烈焰中燒
你真的需要一場脫胎換骨的
昇華
在火中燒出自己的
心靈舍利子
你的神識
將感受到涅槃的自在
你必有所悟
有所覺
那時，你自然感應到

晶英客棧
這場短期出家法會
與法會同在
成了法會之一員
今後，便非短期
而是永恒
佛的呼喚
永恒的，隨業流轉
跟著你
不生不滅
不老不死
一切苦皆除，真實不虛
這是你要來參加一場法會
真實的道理

我這樣說
你會懂嗎？
我只是要向諸世界的
有緣眾生
傳一種法
希望你能有所領悟
若你有所悟
請你拈一朵花
微笑
而我也以心傳心
傳給你
我的微笑
就一切盡在不言中
這是我們傳法的秘密
教外別傳

第六章　晶英客棧文學宴　百華爭開詩歌花

就在短期出家法會結束後
晶英客棧
恢復了平時的寧靜
安靜了很長一段時間
但就在這平靜時段
有一群工作人員
正在默默的工作
靜靜的準備
晶英客棧的文學饗宴季
有文學百華

在晶英客棧盛開
從很嚴肅的
到最輕鬆的主題
分別在晶英客棧的
天廳、地廳、玄廳、黃廳
宇廳、宙廳、洪廳、荒廳
等八個星際會議廳
盛大舉行
重要的文學主題有
〈色界的文學研究現狀〉
〈欲界的古典文學研究〉
〈無色界的詩歌研討和座談會〉
〈阿彌陀經的詩歌意象研究〉
〈西方極樂世界的文學名著介紹〉
〈神州傳統詩詞研究〉

〈老莊思想研究和座談會〉
〈中庸思想研究和座談會〉
〈神州四書五經介紹、研究、座談〉
〈目前諸世界十大文學名家演講和座談〉
〈目前諸世界現代詩名家作品發表會〉

以上只是列舉重要的大主題
準備這場文學盛饗
是個大工程
要將八個星際會議廳的所有參與作品
全都在此列出
無此必要，也不可能
那會使本書成為
文學百科
因此，以下僅介紹

目前諸世界現代詩名家作品聯展
參展者有數百人
也只能介紹少許
這少許名家是和我在數百年前
有過一段好因緣

方飛白〈紅塵問情一笑間〉

紅塵問情一笑間
水仙自憐
痴情長留千萬年
可憐紅顏

我們打開心田
悲愁無法自遣
舊夢彷佛重現

我們遙遠未來
前景渺茫不見
紅塵飛灰談笑間

我們緊閉心田
往事洶湧難眠
我們忘卻哀傷
情愁之海連綿
紅塵紛亂總纏綿

我們輕撫心田
悲愁無法自遣
我們追尋情愛
春風遠飄天邊
紅塵悲情可問天

夜色綺美
麗人長歌
真情美酒
不負少年
愛情人生莫留戀
紅塵問情一笑間

莊雲惠〈聽　濤〉

我從不知
從不知
海浪滔滔
竟會如此
溫柔
且富節奏地拍打著

拍打著

彷佛
聽得很清楚
卻又依稀
在夢中

我從不知
從不知
浩瀚的海
竟是如此
深邃
且豐富地蘊蓄著
蘊蓄著

彷彿
掬取了一滿懷
卻又好像
一無所有

范揚松〈太史公曰〉

埋首泛黃典籍，尋覓
被時間浪潮淹覆的聲音
感覺窗櫺搖響，啓闔之間
陽光已自屋簷，施施攀爬
欲圖迫進我日夜據守的城堡
除熙攘，爭辯不休的懸案外
誰有閒情採視我不毀的事業

初春的溫度，蕭蕭的景緻

如何依據花卉來辨識時令？
倒是揣在自己懷裡的史冊
斑駁之後，竟有解凍的意思
我確切感到，那不是季節
不是時間的刻痕，而是
一種愛，一種同情……

如我此刻，溫習著
孔丘的春秋大義，朗讀
詩經的興觀群怨，歷經
無數時序的編校之後
仍然磅礴著無匹的關懷
一股令人窒息的熱情
讓我在故紙堆中，追索

真實的意義；土地與人民
何嘗不為日以繼夜思忖的
標向，座標之間，我發現
一隻熟悉的身影，背負典籍
緩緩前進，幾乎叫人驚悸
那是孔丘，抑或父親的影子……

註：〈太史公曰〉一詩，有五節十六段一六八行，此引第一節第一段。

吳明興〈晚　鐘〉

浮在波浪上的山
欲奔欲流
流在山上的波浪
頻頻回頭
究竟走也不走

對岸的群樹
漂著熹微的晨光
漫如空緲的水霧
無限的寂虛
卻惹來鳥的驚異
莫道不可說不可說

遠村的雞啼
在幽谷間
硬是忍著夢意
愈來愈清量

只在出神的剎那
玄奘寺的晚鐘

便撞滿懷
恰如山水的偈語
瀰淪永恒的天地

台客〈在佛光山上〉

在佛光山上
看一尊尊佛陀
殿堂之上高坐
默默地俯視
頂禮膜拜的虔誠眾生

在佛光山上
聽叢林裡處處傳來
鳥語花香梵音天籟
人與人見面不再隔閡

相互問訊互道三好

當年一朵星雲
從遠方緩緩飄來
就此長駐
以陽光以雨露
遍灑這片土地的幸福

我們是一群小小種子
來自四面八方
響應大師號召
來此沐浴法雨
暫時擺脱凡塵困擾

綠蒂〈也是旅途〉

我的另一種隱居方式
是閱讀與寫作

一個無所事事的午後
一處人跡稀少的陽光沙灘
一冊封面缺損的書
被風翻到那頁
就讀那頁
直到思維與午寐糾　不清

一個不想起誰的深夜
一片旅店幽微的燭光
一首詩無題

剖析著極簡的流浪
與天長地久的謊言
直到夜闌的蠟炬成灰

讀的
每一個段落
寫的
每一個句點
都鋪陳在旅途的前方
吸晴的風景
下一秒就成為古跡
繁華的情事
下一秒就成了往事

從日出到日落

一天中要經歷
過去、現在與未來的輪迴
自由行走的風在呼吸
以垂暮的歲月
去贖回自己榮光的記憶

葉莎〈枇杷〉

這一次我不彈奏妳
只彈那個季節
化身一株小喬木
站在妳身邊
每一根枝枒長成阮咸的手指
一撥弄就是一次春天

春天有雨

四周都是濕濕的矮杜鵑
母親長咳，咳著咳著
黃昏和孩子都碎了

她不吃樂器，喜食葉子
說是能淘洗歲月中勞心的肺
和胃裡無法消滅的火
我摘葉子不摘枇杷
三月遂靜靜掛在樹上
一串一串寂寥

許其正〈牛車小詠〉

牛車在農村行走著
由牛拖拉
牛慢慢地走

牛車跟著慢慢前行
雖慢
但穩！

陽光
風雨
穀物
豐收
農村風光
農人的笑語
疊上去吧
多重都沒關係
牛車無憂無慮地前行
煥發悠然
高舉不急哲學

一幅自由自在
農村慢慢肥胖起來
農村慢慢健壯起來

慢慢地走
無論路多難走，路多遠
無論載多重
走到農人的家
走到現代
雖慢
還是走到現代

亞孅〈故　鄉〉

魂夢無界

絲路、馬蹄、飛煙
驚喜、奧秘、神傷
在它懷裡
我，小心燃點
故鄉
煙花的燦爛

亞皺於台中青山居

商禽〈咳 嗽〉

坐在
圖書館
的
一室
的
一隅

忍住

直到
有人把
一本書
歷史吧
掉在地上

我才
咳了一聲
嗽

張默〈窗〉

四周都是風景

有一個小男孩漫不經心地騎在它的脖子上
東張西望
那裡有風景

徐志摩〈蘇　蘇〉

蘇蘇是一個痴心的女子
像一朵野薔薇，她的豐姿
像一朵野薔薇，她的豐姿——
來一陣暴風雨，摧殘了她的身世

這荒草地裡有她的墓碑
淹沒在蔓草裡，她的傷悲
淹沒在蔓草裡，她的傷悲——
啊！這荒土裡化生了血染的薔薇

那薔薇是痴心女的靈魂
在清早上受清霧的滋潤
到黃昏時有晚風來溫存
更有那長夜的慰安，看星斗的縱橫

你說這應分是她的平安？
但命運又叫無情的手來攀
攀，攀盡了青條上的燦爛——
可憐呵，蘇蘇她又遭一度的摧殘！

聞一多〈一個觀念〉

我雋永的神秘，你美麗的謊
你倔強的質問，你一道金光
一點兒親密的意義，一股火
一縷縹緲的呼聲，你是什麼？

我不疑，這因緣一點也不假
我知道海洋不騙他的浪花
既然是節奏，就不該抱怨歌
啊，橫暴的威靈，你降伏了我
你降伏了我，你絢縵的長虹
五千多年的記憶，你不要動
如今我只問怎樣抱得緊你……
你是那樣的橫蠻，那樣美麗……

臧克家〈從軍行：送珙弟上前線〉

今夜，燈光格外親人
我們對著它說話
對著它發呆
它把我們的影子列成了一排

為什麼你低垂了頭
是在抽回憶的絲？
在咀嚼媽媽的話
當離家的前夕？

忽然你眉頭上疊起了皺紋
一絲皺紋劃一道長恨！
我知道，你在恨敵人的手
撕破了故鄉田園的圖畫
你在恨敵人的手
拆散了我們溫暖的家

大時代的弓弦
正等待年輕的臂力
今夜，有燈光作證

為祖國你許下了這條身子

明天，灰色的戎裝
會把你打扮得更英爽
你的鐵肩上
將壓上一支鋼槍
今後
不用愁用武無地
敵人到處
便是你的戰場

艾 青〈我愛這土地〉

假如我是一隻鳥
我也應該用嘶啞的喉嚨歌唱
這被暴風雨所打擊著的土地

這永遠洶湧著我們的悲憤的河流
這無止息地吹刮著激怒的風
和那來自林間的無比溫柔的黎明……
—然後我死了
連羽毛也腐爛在土地裡面

為什麼我的眼裡常含淚水？
因為我對這土地愛得深沉……

田間〈給戰鬥者〉

在沒有燈光
沒有熱氣的晚上
日本強盜
來了
從我們底

手裡
從我們底
懷抱裡
把無罪的伙伴
關進強暴的柵欄
他們身上
裸露著
傷疤
他們心頭
呼吸著
仇恨
他們顫抖
在大連、在滿洲底
野營裡
讓喝了酒的

吃了肉的
殘忍的野獸
用牠底刀
嬉戲著——
荒蕪的
生命
饑餓血
血……
（這首詩共有七節二七一行，此只引前序。）

北島〈一 切〉

一切都是命運
一切都是煙雲
一切都是沒有結局的開始
一切都是稍縱即逝的追尋

一切歡樂都沒有微笑
一切苦難都沒有淚痕
一切語言都是重複
一切交往都是初逢
一切愛情都在心裡
一切往事都在夢中
一切希望都帶著注釋
一切信仰都帶著呻吟
一切爆發都有片刻的寧靜
一切死亡都有冗長的回聲

舒婷〈這也是一切：答一位青年朋友的一切〉

不是一切大樹
都被暴風折斷
不是一切種子

都找不到生根的土壤
不是一切真情
都流失在人心的沙漠裡
不是一切夢想
都甘願被摘掉翅膀
不，不是一切
都像你説的那樣

不是一切火焰
都只燃燒自己
而不把別人照亮
不是一切星星
都僅指示黑暗
而不報告曙光
不是一切歌聲

都掠過耳朵
而不留在心上

不，不是一切
都像你說的那樣
不是一切呼籲都沒有回響
不是一切深淵都是滅亡
不是一切滅亡都覆蓋在弱者頭上
不是一切心靈
都可以踩在腳下，爛在泥裡
不是一切後果
都是眼淚血印，而不展現歡容

一切的現在的都孕育著未來
未來的一切都生長於它的昨天

希望，而且為它鬥爭
請把這一切放在你的肩上

流沙河〈梧 桐〉

葉出聽夜雨
葉落舞秋風
何必枝棲鳳凰
但願身經斧鋸
化作一張張薄板
嫁與一條條直弦
好將陽春的回憶
去向人間彈奏

光未然〈河邊對口曲〉

張老三，我問你

你的家鄉在哪裡？
我的家，在山西
過河還有三百里

我問你，在家裡
種田還是做生意？
拿鋤頭，耕田地
種的高粱和小米

為什麼，到此地
河邊流浪受孤淒？
痛心事，莫提起
家破人亡無消息

張老三，莫傷悲

我的命運不如你！
為什麼，王老七
何的家鄉在何地？

在東北，做生意
家鄉八年無消息
這麼說，我和你
都是有家不能回

仇和恨，在心裡
奔騰如同黃河水！
黃河邊，定主意
咱們一同打回去！

為國家，當兵去

太行山上打游擊
從今後，我和你
一同打回老家去！

羅　門〈禮拜堂內外〉

禮拜日
人們愛擠進禮拜堂去量到天國的路
而迷你裙短得只要一兩步路便到了

迷你裙短得像一朵火花
一閃　整條街便燒了起來
行人發呆成風中的樹
而打對街過來的柯神父
誰知道他雙目提著兩桶水
還是兩桶汽油

蓉　子〈忙如奔蝗〉

忙如奔蝗
吃盡了閒暇

雲，只有輕盈時才亮麗
一沉重便都墜落成惱人的雨

日子拖著日子
耳充目全是蜜蜂刷翅的聲響

嗡嗡　嗡嗡
任如何也不能譜成曲調

因為繃緊的琵琶會斷
繃斷的弦索上那兒有歌？

謝輝煌〈喇叭鎖〉

是誰給你取這個名字
從未見你吹過一支曲子
你只是窮年累月的
瞇起兩隻冰冷的眼睛
在門內門外
看人家進進出出

不管春夏秋冬穿什麼衣服
不管日月星辰戴什麼耳環
你總是不笑不哭
從中秋又守到端午

總是伸縮著舌頭
讓人揪著耳朵進進出出

周夢蝶〈風　荷〉

輕一點再輕一點的吹吧
解事的風　知否？無始以來
那人已這兒悄然住心入定
是的，在這兒，水質的蓮胎之中

余光中〈空山松子〉

一粒松子落下來
沒有一點預告
該派誰去接它呢？
滿地的松針或松根？

滿坡的亂石或月色？
或是過路的風聲
說時遲
那時快
一粒松子落下來
被整座空山接住

管管〈斜 眼〉

一棵蒲公英被一隻松鼠踩的啊喲尖叫了一聲
睡在秋陽裡的公園，斜眼看了一下，翻了一個身
又繼續睡了下去
他卻不知道
他這一翻身不要緊卻壓住了一隻鳳尾蝴蝶的翅膀
一切無恙

請繼續睡吧

魯蛟〈清・翠玉白菜〉

昨夜的清露猶在
今晨的泥香猶存
即使再在時間裡埋上千百年
還是依然脆嫩
還是依然晶瑩
而那隻猛猛饕餮著的螽斯
仍然是不能用指去碰的
一碰　就會
跳
走

辛　鬱〈家門七行〉

溫馨是無從描繪的
也不必著色
家門迎著我
我聽見了
妻的輕聲呵責
——孩子懂事了呀
我是那遲歸的夫

向　明〈一隻腳走進夜間〉

慣於走動的腳
來到夜間
便舉步維艱了

當一隻腳走入夜間
便走進了重災區
到處都是看不見的
求救的白茉莉
拖住不放

剛踏入夜間才一隻腳
另一隻便警覺不祥
便想收腿後撤
可來不及了
成了這一頭比另一頭
特重的
不平衡槓桿

也就是現在的

身子歪到一邊的
這副可憐相

洛　夫〈問〉

在橋上
獨自向流水撒著花瓣
一條游魚躍了起來
在空中
只逗留三分之一秒
這時
你在哪裡？

紀　弦〈現　實〉

甚至於伸個懶腰，打個呵欠

都要危及四壁與天花板的！

匍伏在這低矮如雞塒的小屋裡
我的委屈著實大了……
因為我老是夢見直立起來
如一參天的古木

項美靜〈葫 蘆〉

夏日，妳在院角種下幾株葫蘆
狂飆的雄性爬出瓦牆

為這片濃密的綠
我提筆，在一張宣紙上
給它圓了房

來年，總該有幾個葫蘆娃兒
攀上牆頭
喊我一聲：姥姥

陳福成〈晶英客棧詩歌盛宴小結〉

諸世界的文學詩歌盛宴
在晶英客棧熱鬧了好長一段時間
這是異世界年度內
僅次於外星人來訪的
大事紀
在我的筆記裡
只能記錄下小小的一部分
那是數百年來
最多是一兩千年來
和我有因緣

目前已散居各世界
的現代詩名家
他們提出代表作參加此次盛宴的聯展
又與我再續前緣
方飛白、莊雲惠、范揚松
吳明興、台客、綠蒂
葉莎、許其正、亞嫩
商禽、張默、徐志摩、聞一多
臧克家、艾青、田間
北島、舒婷、流沙河
光未然、羅門、蓉子
謝輝煌、周夢蝶、余光中
管管、魯蛟、辛鬱
向明、洛夫、紀弦
項美靜，還有

彭莊、莫渝、陳寧貴、劉正偉
林錫嘉、曾美霞、鄭雅文、落蒂
麥穗、子青……
眾多因緣
真是族繁不及備載
這些老友
有的幾百年
也有數千年深厚的因緣
在晶英客棧文學盛宴結束後
都各自回到自己的世界
祝福他們的修行
取得圓滿的成果
最終都能取得西方極樂世界的簽證

第七章 晶英客棧過日子 詩述生活存史記

1、一切眾生過日子

想想
三千大世界
還有三千小世界裡
一切眾生怎麼過日子？
在化樂天……
非想非非想天
東方、南方、北方和
西方極樂世界

異世界……
一切眾生是怎麼過日子的？
再想想
這麼簡單的問題
不就是一天過一天
差別只有
時間的長短不一
不是嗎？

2、晶英客棧生活過日子

我游走各世界
住了很多地方
在晶英客棧生活過日子
我最喜歡

用詩記錄下生活感想
等於保存一部
《晶英客棧生活史記》
這個異世界
無限奇妙
妙在哪裡？
不知道
人不能全知
沒有時間
空間可大可小
無論如何
也還是要過日子
要生活
要成長
有所追求

在異世界已經是無所求了
要追求什麼
還是有的
追求一片純潔的雪
在異世界
有溫暖的雪
自天空飄下
我伸出手
牽起雪的小手
感覺一股暖意在心頭
豐富了
異樣的美感

3、這是愛嗎?

說無求
怎日漸消瘦
近日又
心神不寧
想要對那純潔的雪
說一些
瘦瘦的心事
光用想的
人就醉了
醉的晚上睡不著
這到底是為什麼?
為什麼?

難道
難道這是愛嗎？
到了異世界
我還在愛嗎？

4、期　待

幾百年前
我有期待
更遠的幾千年前
也有期待
期待純潔的雪
一片雪
是一片期待
又一片片的雪

是一片片期待
期待與我同行
同我流轉各世界
到了已不需要期待的
晶英客棧
我仍期待一片
溫暖而悠雅的
小雪

5、依然年輕

那回眸
一瞬
向著小雪
從無始之前

一路走來
已過千百年
不知不覺
是千歲還是萬歲
你絕不信
我依然年輕
因為有愛
人就日漸年輕
隨著時間的增加而回春
所過日子
日子都燃燒起來
燦爛如星月
這一切都源自
愛戀的啓動
有愛

便能穿透時空
時間回逆
故我能
依然年輕
我是千歲青年人

6、因　緣

一片
純潔的雪
飄向我
沒有刻意安排
也沒有特別約定
她就是
向我飄來

她回眸一笑
這輩子
乃至下輩子
就這麼定了

7、客棧的下午茶

午後
我小憩片刻
不約而同的
與一片純潔的雪
在客棧交誼廳的雅座
悠雅小坐
相對
以眼神、以心思

以心傳心
說了很多情話
引來
窗外
濛濛的細雨
也來偷聽
我、雨、雪
三方都保持靜默
悠雅的享用
悠雅
如這異世界

8、異世界的花季

諸世界中

異世界的花季最年輕
各類奇花
能引人
念佛念法念僧
諸世界所沒有
感覺眾華
只有十七歲的芳香
感覺
三百年來
偶遇一回

年輕的花季
有彩雲的寵愛
小雨的滋潤
而我

賞花之餘
尚有金色的夢幻
與小雪共沐

異世界的花季
是真正的眾生平等
就在晶英客棧不遠的花園
賞花的
真是各類眾生都有
人與菩薩之外
獅、虎、象、牛、羊……
蜂、蝶、蟻、蟲蟲……
都能與人同行
共存、共賞
牠們也在賞花

真實不虛
不信者
可親自來見證

9、疑　惑

我幾百歲了
也修行了幾千年
我說的是
靈魂的年紀
為什麼心中依然有惑
滿腦子疑問
又想起
地瓜島那些往事
或許地瓜島

早已不在
而那往事確是
永恒的存在

我到底愛什麼
愛當史官
寫些詩史
也不是

左思右想
似乎有了答案
我始終在追尋
追尋一種愛
三世流轉
也不放棄

追尋幾世了
幾百年乃至幾千年了
仍在追尋
能不疑惑乎？

10、異世界的山月

異世界有山
如太魯閣山脈
山會走路
或頂立
或倒懸
完全自由自在
你可請山過來
山便來

異世界有月
月不走路
始終高懸
或亮
或淡
也始終自由自在
為何山月
都自由自在
因為異世界沒有引力
一切不受牽制

今夜
我從客棧房間望出
山月對我

嫣然一笑
那種感覺
似有一種神秘的愛
浮上心頭

11、堅　持

我堅持
對一片純潔的雪
許下溫暖的諾言
擁抱雪
讓雪感受暖意
與雪共遊
乘雪駕霧
我和雪

都長出了翅膀
在空中
進出

在雲中進出
把空間
劃破
把時間
倒轉
與純潔的雪
同行共老
流轉三界
是我
無悔的堅持

12、客棧為家

在晶英客棧過日子
無有眾苦
但有眾樂
樂不思其他世界
就以客棧為家

太快樂了
人一快樂
就會長出巨大的翅膀
當了史官
又想當詩人

其實我最想的
不當史官
不當詩人
只要率起小雪的手
在雨中漫步

13、秘 密

總是在時空
都解放了
妳才飄了過來
解讀
我的寂寞

為什麼？

妳說妳也寂寞
關鍵在於一個秘密
來了雪
卻沒下雨

為什麼總是
被秘密
糾纏
雪、雨和雲
都是我的追尋

14、不再流浪

今夜睡不著
回首前塵

我看到自己一世又一世的
流轉
一世世死
又一世世生

數百年前
我從地瓜島
無意間
漂流到異世界
從此以後
成了晶英客棧常客

永恆的流浪者
追尋所愛
在各世界

找尋一片純潔的雪
找到了
就不再流浪

找到一片純潔的雪
我屬於妳
而妳屬於水
找到妳
守護妳一世
永不再流浪

15、向一片純潔的雪獻愛

要向一片純潔的雪
獻上什麼？

有了
就獻上一杯
滿滿的愛
乾杯吧
為了嚐一嚐愛的滋味
何不一醉

再向一片純潔的雪
獻上什麼？
又有了
就獻上一懷
滿滿的情
閉上雙眼
為了嚐一嚐情的暖意
我們擁抱

16、帶著愛轉世

當你說現在
現在已非現在
現在已成過去
這一站
遲早也要過去
過去後
誰會記得你我
和你我的愛
轉世的時候
萬般帶不走
只有愛
能相隨

17、青蛙唱頌

讓我想起
數百年前地瓜島上
住著許多青蛙
都是被煮過的
半生不熟的青蛙
後世史書才有
「冷水煮青蛙」
的形容
可憐的青蛙

晶英客棧旁
一寶池

住著一群青蛙
池裡的水也是冷的
但蛙兒身心清涼
又有智慧
早晨時
牠們高唱
異世界讚美詩

18、我見故人來

諸世界中
異世界為最佳
旅遊度假首選
當然，只有善男子、善女人
有緣到此一遊

我遇到過
幾位故人老友
蔣毛和李清照來參訪
李白杜甫來度假
三蘇等來參加文學盛宴
徐霞客來探險
還有屈原、司馬相如、劉向父子
陶淵明、王維、李商隱
李煜、韓愈、白石道人
等……來觀光
也曾邂逅過
秦皇漢武來考察
康熙乾隆來找尋
流失的記憶
他們來到異世界

都住晶英客棧
和我同區
我才有緣與故人老友
相聚話舊

19、晶英客棧的夜晚

今夜，我
從客棧臥室窗口望出
月亮向我
走來
她知我思故鄉吧
異世界的月亮
是浪漫主義者
是一顆甜心

我們相對而望
倆無言
以心傳心
說了很多情話
不是夢話

和月亮談心
我點一盞小燈
燈光閃紅了
她艷紅的臉
散發如詩的心情
說的每一句話
都不是八卦
而是詩
似乎才過傾刻

她說很晚了
回宮睡覺
對著我嫣然一笑
飄然而去

20、異世界詩意圖

在異世界住了幾百年
如何簡單的形容這地方
約言之
如詩如畫
其山河大地
皆是詩之建構
客棧、花園、人家
都是完美的意象

共構成
意境悠雅的詩畫

異世界之眾生
不論各世界來的
善男子、善女人
或本地人、工作者
都有一顆
真善美的詩心
那些假惡醜
在因緣機制大法管控下
進不了異世界
住不了晶英客棧

21、捕獲一片雪

異世界之雪
如雲
純潔的雪
是我永恒的追尋
不論如何轉世
到了哪一個世界
我總是
想念一片雪
一片純潔的雪
雪之身影
雪之樂音

雪之裝扮
雪之回眸一笑
雪之生氣
都會被我在每一世
緊緊捕獲
藏在我的神識庫房中
帶著她
游走各世界

又一個想念的夜晚
想念一片雪
決心要再次
捕獲雪
緊緊抱在懷裡
不讓她飛走

我點一盞小燈
備好酒
與她聊聊心事
或與她共醉
一醉不醒
到天長地久
海枯石爛

22、又在數羊

最近老是睡不著
數羊
已數到九千九百隻
還沒睡著
為什麼？

都為一片雪
一片雪
在我心頭飄來飄去
漂來漂去
就是不落下
我決心
用一張深深的情網
將一片雪
網住
抱在懷裡
睡著了

23、等 待

不知為何

一切眾生
不是寂寞，就是孤獨
都說千山獨行
不必相送
在寂寞中等待
在孤獨中等待
等待什麼？
你等的和我等的不一樣
你等待轉世
我等待一片純潔的雪

此刻
我佇立客棧一角落
望窗外
孤寂的風景

我正無條件等待
等待
一片悠雅的雪
飄來

蕭索的午夜
等待
等到了一個季節的更替
未見雪來
我拾起窗外
一滴清露
想要打聽
何時才是雪來的季節
我等著她
如等待一個夢

是的，等著她
如等待一個夢
她帶來的
是一個美美的夢
溫柔的夢
悠雅的夢
真好，有夢最美
於願已足
雖然只是一個夢
我願等待
再等萬年也不厭倦

24、雪之歌

為什麼
我的神識有雪
甚至雪在業中
隨業流轉
就是我命中有雪
因命屬水
所以我不論身在何處
必有小雪
如歌之美
如詩之神秘
如花之引蝶
引誘我織一張甜蜜的夢

看啊
小雪飄來
悠雅的身段
迷人的微笑
飄然而來，未到
就引人心動
心動不如行動
我們對唱山歌
禮讚一段情
傾述一片愛
唱出我和雪
生生世世的戀歌

25、午後一夢

午後小睡
竟做了一個小夢
夢中
悠雅的小雪
飄來
一頭撞進了心房
記憶醒了
人差一點
也醒了

就在夢中
我牽起小雪的小手

起飛
不約而同的
私奔了
我們奔向空靈
溶入虛空
我們以心傳心，講好
別醒來

26、晶英客棧夕照

彩雲燃燒
一個火紅的世界
煙嵐湮沒了
太魯閣
感覺異世界

是否異化了
然而，不過是
給鳥一個訊息
該回家了

在異世界
有夕照
但不是來自太陽
夕照何生？
不知道
夕照有意宣染
改變的神秘
客棧旁樹下的雞
讀懂訊息
該睡覺了

27、異世界之春

春天
一直佔領異世界
夏秋冬
始終不來
真好
四季皆春

春天
群花爭艷的季節
花國眾芳講好
四個春天
大家輪流上台

開舞展

28、迎接一片雪

一片雪
按著前世
或更前世種下的
因緣
留下的地址
飄過來
我伸雙手去迎接
緊緊擁抱
抱入懷裡

你是一片雪

不一樣的雪
有體溫
我們可以相互取暖
有情有意的雪
我們相互通電
陰陽交流
共築
愛的世界

29、非胡思不亂想

我不斷轉世
現在轉到了哪裡
住在一個
沒有時間

空間也不在
也沒有各種引力的
異世界
瞬間和永恒
俱無差別
最大和最小
亦無差
活著和死了
無分界
你說，這是
多麼奇妙的世界

不論轉世到何方
我就是愛
愛生活

愛快樂
愛愛
最愛是
一片純潔的雪
悠雅的雪
把心中的秘密
說給雪聽

我感恩
因緣的施給
施給我在每一世
都完成了
自己的天命，以及
擁有所愛

我獨漫游異世界
雖寂寞
但不孤獨
因為有雪相伴
小雪是我生生世世的
粉絲兼紅粉

異世界雖無空間
我仍想
探索邊界
雖無時間
仍期待永恒的光明
我追尋小雪
如夢境
一片雪是一片情

片片小雪都是愛
把每一片串起來
織成美美的世界
放在心中
永不流失

30、不知道、不知道

在許多世界
住了好幾百年
對很多事
還是不知道
所知都只有一點點
一點點
更多的神秘、機密、奇事

不知道
就是不知道
永遠都不知道

我在異世界住幾百年
有許多神鳥
據聞有
妙音鳥、兩頭鳥、千頭魚
據聞有
無底船、千孔笛、萬絃琴
為什麼？
不知道
客棧旁草原上有雞、鴨、鵝
異世界眾生都素食
為何養雞鴨鵝？

不知道

在離客棧不遠處
有動物園
在一片草原、溪流
有獅、虎、豹、象、羊、猴等
河裡也有河馬、鱷魚等
有零星的雞鴨在覓食
但這些禽獸
都是吃素的
牠們不論大小強弱
都能和平相處
親愛精誠
獅虎不追殺羊兒
河馬進化成溫文儒雅

雞，永不擔心成為
白斬雞
鴨，永不擔心成為
薑母鴨
所有禽獸看起都
那麼的悠雅
為什麼會這樣？
不知道

那麼的悠雅
以致不忍心叫牠們禽獸
因為牠們智慧也很高
也樂於參加佛法修行
在晶英客棧舉辦的各種法會
偶爾看見牠們

結伴而來
有一回大家看到一個奇景
一隻大象帶頭
後面跟著獅虎豹犬雞鴨……
一起參加法會
行禮如儀
證明一切眾生都有佛性
有如來德相
為什麼是這樣
不知道

拿異世界的禽獸
和地球世界的人類相比
無數的人類
不如異世界的禽獸

我觀察這些
智慧禽獸
牠們知道選擇和平與幸福的方法
不相互打殺
不弱肉強食
更懂得精進修行
追尋美好的生活
牠們的社交圈
只有相親相愛
沒有陰謀
更無陽謀
不孤獨
也不寂寞
沒有煩惱
眾生之中

牠們過的最瀟灑
最自在
為什麼會這樣？
不知道

有一回的法會
來了白鶴、孔雀、豬狗、牛羊
猩猩和獮猴
也來了
牠們開示菩提心
無憂不煩
無老死
亦無老死盡
心無罣礙
無有恐怖

牠們的信仰
比許多人類堅定
為什麼？
不知道
在這異世界裡
尚有太多太多
不知道的事

31、悠雅的雪

在一個寧靜
如夢時
一片雪
乘著徐徐的風車
悠雅飄來

風車開向未知的未來
小雪下車
悠悠而行
我上前迎接

我和小雪之間
一定存在什麼因緣
前世或再前世
溫度升高
期待下一場雨吧
雲雨釋放
強大的媚力
兩造之間
依然那麼悠雅

32、行菩薩道的樹

各個世界都有樹木
例如佛說
世間帝王之樂
百千萬種
不加忉利天宮一音之美
忉利天宮百千種樂
不如夜摩天宮一音之美
如是乃至有頂之天
百千種樂
不如極樂世界
風吹羅網行樹
所發出的音聲中

一音之美

但你知道嗎？
在異世界
眾樹不僅會唱歌
也會織夢
夢想著
如何布施
行菩薩道
看吧！客棧旁那一行樹
早已約定
要一起開花
布施芳香和微笑
要一起結果
供養眾生

行菩薩道

33、想念地球

離開地球幾百年了
說實在
還真有點想念
想念神州邊陲那地瓜島
雖然島上住的都是
被煮過的青蛙
還是有些想念

我在地球之世
就聽大科學霍金說
二百年內

地球世界就毀滅了
這麼說
如今
地球早已毀滅
一切都跑不了
成住壞空
我還是想念地球

想念地瓜島
當年漂離
是為躲避島上的東廠政權
但那小島
有我成長的記憶
記憶隨神識流轉
隔百千載

依然清晰
我依然想念地瓜島
想念神之州
想念地球

34、晶英客棧的房間

在晶英客棧
住的數百年中
我換過幾個不同的房間
不同的客房大同小異
只有景觀不同
因為異世界
不受時間因素制約
因此房間隨心意而

可大可小
小中可包容大
大中可分割小
很奇妙吧

每次我進到房間
就看到山水流泉
呈現眼前
偶爾飄來
一片純潔的雪
自在悠雅
我知道
那是我心志神識
所呈現的實景

我站在房間正中央伸個懶腰
極目望出
浴室如海
客廳如洋
桌上茶杯內有
寬廣一湖之水
我聽到
小雪的讚嘆！

來啊！小雪
展演你心中所欲
就在這如實之境中
解放自己
下一場雨
以滋潤小雪

雨和雪
本是因果關係

你是纖細的
一片雪
又屬水
就叫水流遍身體
注滿房間
讓這晶英客棧的房間
成為我們生生世世
轉世路途上
一個永恒的標記

35、最美的風景

一片悠雅的雪
寂靜的飄著
欲望不多
自在的
過生
活

路
悠悠
思慢慢
也是風光
最美的風景

一片純潔的雪

36、遠觀一片悠雅的雪

一片雪
悠雅的坐在山頭上
無視微風的邀約
不為所動
無欲無求
看你怎麼辦
或許是我錯了
純潔的雪
正在禪坐
或入定
入定就這麼悠雅

37、回憶以前的我

回憶以前的我
以前有很多個我
幾百年、幾千年
乃至更久遠的以前
例如五千年前
我看到炎黃二帝的戰爭
那個原始的我
始終沒死掉
死掉的
是另一個我的身體
那個真我、神識我
在神州大地

從中央到邊陲
一回回轉世
來異世界之前
我住地瓜島

每次那個我死時
另一個活生生的我
飄浮在上
靜靜的看著
也是自己的死亡過程
沒有傷心
但如看一場
自編自導自演的戲
到了終局
我看著我死後

我才走過中陰身
向著轉世的大道前行

以前的我
幾千年的所見所聞
可回憶的可多了
肉體死掉
是什麼感覺
不適當然是有的
肉肉也不再織夢了
每次的死
我也都看見那些
肉肉和骨頭
化成一陣輕煙
灰飛煙滅

回歸大地虛空
而那個不死的我
到了異世界
數百年或數千年後
往何處去？
我根本不操心
因緣業果自會讓我
有滿意的答案

38、愛與夢

愛，就是愛
千載難有的寶物
只是一片
純潔的雪

就價值連城了
悠雅的雪
淡淡的雅色
濃濃的情意
只有取得夢土簽證
才能捕獲

兩個心
要怎樣相互同步感應
在一場雨中
相互
溶解對方
溶成了二合一
便不再是夢
而是愛

各世界中
可以讓人織起千年之夢
就是愛
所以有了愛
可以通往各世界

你看吧
一片純潔的雪
從地球世界飄到異世界
在我心中
已非夢
是真情真意
真實的愛

已經實現的夢
已非夢
就把這輩子
交給愛
純潔的雪默默無言
妳是我心中
最美的風景

39、無　題

一片雪
因為有愛
而悠雅

一片雪

因為沒有溶成水
就是夢

陳福成著作全編總目

壹、兩岸關係

①決戰閏八月
②防衛大台灣
③解開兩岸十大弔詭
④大陸政策與兩岸關係

貳、國家安全

⑤國家安全與情治機關的弔詭
⑥國家安全與戰略關係
⑦國家安全論壇。

參、中國學四部曲

⑧中國歷代戰爭新詮
⑨中國近代黨派發展研究新詮
⑩中國政治思想新詮
⑪中國四大兵法家新詮：孫子、吳起、孫臏、孔明

肆、歷史、人類、文化、宗教、會黨

⑫神劍與屠刀
⑬中國神譜
⑭天帝教的中華文化意涵
⑮奴婢妾匪到革命家之路：復興廣播電台謝雪紅訪講錄
⑯洪門、青幫與哥老會研究

伍、詩〈現代詩、傳統詩〉、文學

⑰幻夢花開一江山
⑱赤縣行腳・神州心旅
⑲「外公」與「外婆」的詩
⑳尋找一座山
㉑春秋記實
㉒性情世界
㉓春秋詩選
㉔八方風雲性情世界
㉕古晟的誕生
㉖把腳印典藏在雲端
㉗從魯迅文學醫人魂救國魂說起
㉘六十後詩雜記詩集

陸、現代詩（詩人、詩社）研究

㉙三月詩會研究
㉚我們的春秋大業：三月詩會二十年別集
㉛中國當代平民詩人王學忠
㉜讀詩稗記
㉝嚴謹與浪漫之間
㉞一信詩學研究：解剖一隻九頭詩鵠
㉟囚徒
㊱胡爾泰現代詩臆說
㊲王學忠籲天詩錄

柒、春秋典型人物研究、遊記

㊳山西芮城劉焦智「鳳梅人」報研究
㊴在「鳳梅人」小橋上
㊵我所知道的孫大公

㊶為中華民族的生存發展進百書疏
㊷金秋六人行
㊸漸凍勇士陳宏

捌、小說、翻譯小說

㊹迷情・奇謀・輪迴、
㊺愛倫坡恐怖推理小說

玖、散文、論文、雜記、詩遊記、人生小品

㊻一個軍校生的台大閒情
㊼古道・秋風・瘦筆
㊽頓悟學習
㊾春秋正義
㊿公主與王子的夢幻、
(51)洄游的鮭魚
(52)男人和女人的情話真話
(53)台灣邊陲之美
(54)最自在的彩霞
(55)梁又平事件後

拾、回憶錄體

(56)五十不惑
(57)我的革命檔案
(58)台大教官興衰錄
(59)迷航記、
(60)最後一代書寫的身影
(61)我這輩子幹了什麼好事
(62)那些年我們是這樣寫情書的
(63)那些年我們是這樣談戀愛的
(64)台灣大學退休人員聯誼會第九屆理事長記實

拾壹、兵學、戰爭

(65)孫子實戰經驗研究
(66)第四波戰爭開山鼻祖賓拉登

拾貳、政治研究

(67)政治學方法論概說
(68)西洋政治思想史概述
(69)中國全民民主統一會北京行
(70)尋找理想國：中國式民主政治研究要綱

拾參、中國命運、喚醒國魂

(71)大浩劫後：日本311天譴說 日本問題的終極處理
(72)台大逸仙學會

拾肆、地方誌、地區研究

(73)台北公館台大地區考古・導覽
(74)台中開發史
(75)台北的前世今生
(76)台北公館地區開發史

拾伍、其他

(77)英文單字研究
(78)與君賞玩天地寬（文友評論）
(79)非常傳銷學
(80)新領導與管理實務

2015 年 9 月後新著

編號	書　　　名	出版社	出版時間	定價	字數(萬)	內容性質
81	一隻菜鳥的學佛初認識	文史哲	2015.09	460	12	學佛心得
82	海青青的天空	文史哲	2015.09	250	6	現代詩評
83	為播詩種與莊雲惠詩作初探	文史哲	2015.11	280	5	童詩、現代詩評
84	世界洪門歷史文化協會論壇	文史哲	2016.01	280	6	洪門活動紀錄
85	三搞統一：解剖共產黨、國民黨、民進黨怎樣搞統一	文史哲	2016.03	420	13	政治、統一
86	緣來艱辛非尋常－賞讀范揚松仿古體詩稿	文史哲	2016.04	400	9	詩、文學
87	大兵法家范蠡研究－商聖財神陶朱公傳奇	文史哲	2016.06	280	8	范蠡研究
88	典藏斷滅的文明：最後一代書寫身影的告別紀念	文史哲	2016.08	450	8	各種手稿
89	葉莎現代詩研究欣賞：靈山一朵花的美感	文史哲	2016.08	220	6	現代詩評
90	臺灣大學退休人員聯誼會第十屆理事長實記暨 2015～2016 重要事件簿	文史哲	2016.04	400	8	日記
91	我與當代中國大學圖書館的因緣	文史哲	2017.04	300	5	紀念狀
92	廣西參訪遊記（編著）	文史哲	2016.10	300	6	詩、遊記
93	中國鄉土詩人金土作品研究	文史哲	2017.12	420	11	文學研究
94	暇豫翻翻《揚子江》詩刊：蟾蜍山麓讀書瑣記	文史哲	2018.02	320	7	文學研究
95	我讀上海《海上詩刊》：中國歷史園林豫園詩話瑣記	文史哲	2018.03	320	6	文學研究
96	天帝教第二人間使命：上帝加持中國統一之努力	文史哲	2018.03	460	13	宗教
97	范蠡致富研究與學習：商聖財神之實務與操作	文史哲	2018.06	280	8	文學研究
98	光陰簡史：我的影像回憶錄現代詩集	文史哲	2018.07	360	6	詩、文學
99	光陰考古學：失落圖像考古現代詩集	文史哲	2018.08	460	7	詩、文學
100	鄭雅文現代詩之佛法衍繹	文史哲	2018.08	240	6	文學研究
101	林錫嘉現代詩賞析	文史哲	2018.08	420	10	文學研究
102	現代田園詩人許其正作品研析	文史哲	2018.08	520	12	文學研究
103	莫渝現代詩賞析	文史哲	2018.08	320	7	文學研究
104	陳寧貴現代詩研究	文史哲	2018.08	380	9	文學研究
105	曾美霞現代詩研析	文史哲	2018.08	360	7	文學研究
106	劉正偉現代詩賞析	文史哲	2018.08	400	9	文學研究
107	陳福成著作述評：他的寫作人生	文史哲	2018.08	420	9	文學研究
108	舉起文化使命的火把：彭正雄出版及交流一甲子	文史哲	2018.08	480	9	文學研究

109	我讀北京《黃埔》雜誌的筆記	文史哲	2018.10	400	9	黃埔歷史
110	北京天津廊坊參訪紀實	文史哲	2019.12	420	8	遊記
111	觀自在綠蒂詩話：無住生詩的漂泊詩人	文史哲	2019.12	420	14	文學研究
112	中國詩歌墾拓者海青青：《牡丹園》和《中原歌壇》	文史哲	2020.06	580	6	詩、文學
113	走過這一世的證據：影像回顧現代詩集	文史哲	2020.06	580	6	詩、文學
114	這一是我們同路的證據：影像回顧現代詩題集	文史哲	2020.06	540	6	詩、文學
115	感動世界：感動三界故事詩集	文史哲	2020.06	360	4	詩、文學
116	印加最後的獨白：蟾蜍山萬盛草齋詩稿	文史哲	2020.06	400	5	詩、文學
117	台大遺境：失落圖像現代詩題集	文史哲	2020.09	580	6	詩、文學
118	中國鄉土詩人金土作品研究反響選集	文史哲	2020.10	360	4	詩、文學
119	夢幻泡影：金剛人生現代詩經	文史哲	2020.11	580	6	詩、文學
120	范蠡完勝三十六計：智謀之理論與全方位實務操作	文史哲	2020.11	880	39	戰略研究
121	我與當代中國大學圖書館的因緣（三）	文史哲	2021.01	580	6	詩、文學
122	這一世我們乘佛法行過神州大地：生身中國人的難得與光榮史詩	文史哲	2021.03	580	6	詩、文學
123	地瓜最後的獨白：陳福成長詩集	文史哲	2021.05	240	3	詩、文學
124	甘薯史記：陳福成超時空傳奇長詩劇	文史哲	2021.07	320	3	詩、文學
125	芋頭史記：陳福成科幻歷史傳奇長詩劇	文史哲	2021.08	350	3	詩、文學
126	這一世只做好一件事：為中華民族留下一筆文化公共財	文史哲	2021.09	380	6	人生記事
127	龍族魂：陳福成籲天錄詩集	文史哲	2021.09	380	6	詩、文學
128	歷史與真相	文史哲	2021.09	320	6	歷史反省
129	蔣毛最後的邂逅：陳福成中方夜譚春秋	文史哲	2021.10	300	6	科幻小說
130	大航海家鄭和：人類史上最早的慈航圖證	文史哲	2021.10	300	5	歷史
131	欣賞亞媺現代詩：懷念丁穎中國心	文史哲	2021.11	440	5	詩、文學
132	向明等八家詩讀後：被《食餘飲後集》電到	文史哲	2021.11	420	7	詩、文學
133	陳福成二〇二一年短詩集：躲進蓮藕孔洞內乘涼	文史哲	2021.12	380	3	詩、文學
134	中國新詩百年名家作品欣賞	文史哲	2022.01	460	8	新詩欣賞
135	流浪在神州邊陲的詩魂：台灣新詩人詩刊詩社	文史哲	2022.02	420	6	新詩欣賞
136	漂泊在神州邊陲的詩魂：台灣新詩人詩刊詩社	文史哲	2022.04	460	8	新詩欣賞
137	陸官 44 期福心會：暨一些黃埔情緣記事	文史哲	2022.05	320	4	人生記事
138	我躲進蓮藕孔洞內乘涼--2021 到 2022 的心情詩集	文史哲	2022.05	340	2	詩、文學
139	陳福成 70 自編年表：所見所做所寫事件簿	文史哲	2022.05	400	8	傳記
140	我的祖國行腳詩鈔：陳福成 70 歲紀念詩集	文史哲	2022.05	380	3	新詩欣賞

141	日本將不復存在：天譴一個民族	文史哲	2022.06	240	4	歷史研究
142	一個中國平民詩人的天命：王學忠詩的社會關懷	文史哲	2022.07	280	4	新詩欣賞
143	武經七書新註：中國文明文化富國強兵精要	文史哲	2022.08	540	16	兵書新注
144	明朗健康中國：台客現代詩賞析	文史哲	2022.09	440	8	新詩欣賞
145	進出一本改變你腦袋的詩集：許其正《一定》釋放核能量	文史哲	2022.09	300	4	新詩欣賞
146	進出吳明興的詩：找尋一個居士的圓融嘉境	文史哲	2022.10	280	5	新詩欣賞
147	進出方飛白的詩與畫：阿拉伯風韻與愛情	文史哲	2022.10	440	7	新詩欣賞
148	孫臏兵法註：山東臨沂銀雀山漢墓竹簡	文史哲	2022.12	280	4	兵書新注
149	鬼谷子新註	文史哲	2022.12	300	6	兵書新注
150	諸葛亮兵法新註	文史哲	2023.02	400	7	兵書新注
151	中國藏頭詩(一)：范揚松講學行旅詩欣賞	文史哲	2023.03	280	5	新詩欣賞
152	中國藏頭詩(二)：范揚松春秋大義詩欣賞	文史哲	2023.03	280	5	新詩欣賞
153	華文現代詩三百家	文史哲	2023.06	480	7	新詩欣賞
154	晶英客棧：陳福成詩科幻實驗小說	文史哲	2023.07	240	2	新詩欣賞
155	廣州黃埔到鳳山黃埔：44 期畢業 50 週年暨黃埔建校建軍百年紀念	文史哲	2023.08	340	5	歷史研究
156	神州邊陲荒蕪之島：陳福成科幻生活相片詩集	文史哲	2023.10	500	2	新詩欣賞
157	吳信義回憶錄：今世好因緣	文史哲	2023.11	340	6	傳記
158	在北京《黃埔》雜誌反思	文史哲	2024.01	320	5	黃埔歷史
159	在北京《黃埔》雜誌回顧：陸官 44 期畢業 50 週年紀念	文史哲	2024.01	320	6	黃埔歷史
160	黃埔人的春秋大業：北京《黃埔》雜誌展鴻圖	文史哲	2024.03	320	6	黃埔歷史
161	跟台大登山會這些年	文史哲	2024.05	360	2	詩、文學
162	老歌謠史話：150 首可在傳世的老歌謠	文史哲	2024.08	420	2	音樂
163	晶英客棧續集：陳福成詩科幻實驗小說	文史哲	2024.08	360	3	新詩欣賞

陳福成國防通識課程著編及其他作品

（各級學校教科書及其他）

編號	書　　　　　名	出版社	教育部審定
1	國家安全概論（大學院校用）	幼　獅	民國 86 年
2	國家安全概述（高中職、專科用）	幼　獅	民國 86 年
3	國家安全概論（台灣大學專用書）	台　大	（臺大不送審）
4	軍事研究（大專院校用）（註一）	全　華	民國 95 年
5	國防通識（第一冊、高中學生用）（註二）	龍　騰	民國 94 年課程要綱
6	國防通識（第二冊、高中學生用）	龍　騰	同
7	國防通識（第三冊、高中學生用）	龍　騰	同
8	國防通識（第四冊、高中學生用）	龍　騰	同
9	國防通識（第一冊、教師專用）	龍　騰	同
10	國防通識（第二冊、教師專用）	龍　騰	同
11	國防通識（第三冊、教師專用）	龍　騰	同
12	國防通識（第四冊、教師專用）	龍　騰	同

註一　羅慶生、許競任、廖德智、秦昱華、陳福成合著，《軍事戰史》（臺北：全華圖書股份有限公司，二〇〇八年）。

註二　《國防通識》，學生課本四冊，教師專用四冊。由陳福成、李文師、李景素、頊臺民、陳國慶合著，陳福成也負責擔任主編。八冊全由龍騰文化事業股份有限公司出版。